Hallo, ich bin Klopfi !

Ich werde dir helfen, deine ersten Übungen und Rhythmen mit Body Percussion zu machen. Schau auf meine Arme, Hände und Füße, sprich mir nach und schon hast du es geschafft.
Sind manche Übungen am Anfang zu lang oder zu schwer, kannst du jede Zeile durch Wiederholen üben. Danach spielst du die ganze Übung am Stück.

Ich wünsche dir viel Spaß!

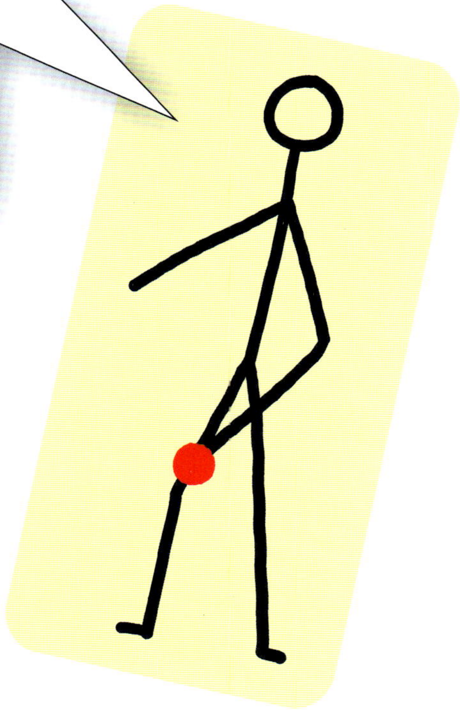

Alle Symbole

Spiele immer zwei Symbole im Wechsel hintereinander.
So prägst du dir die verschiedenen Positionen gut ein.

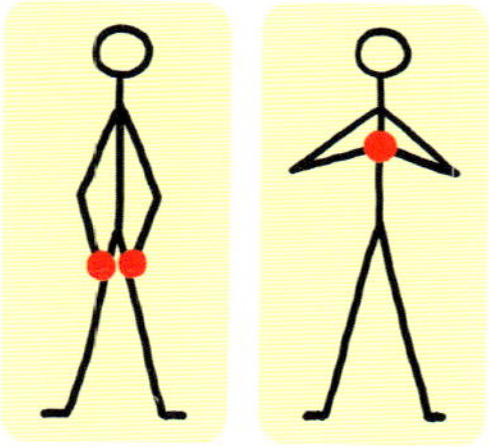
1

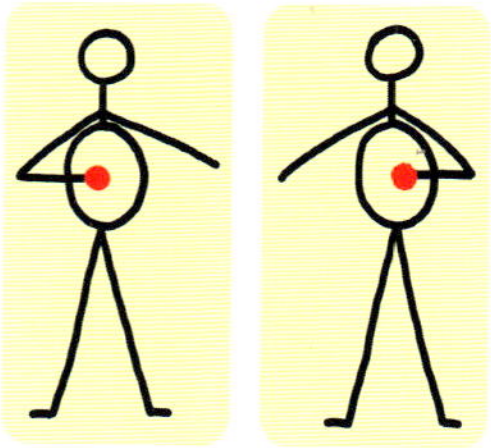
2

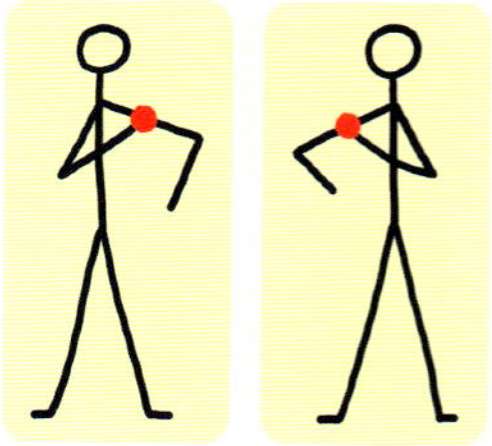
3

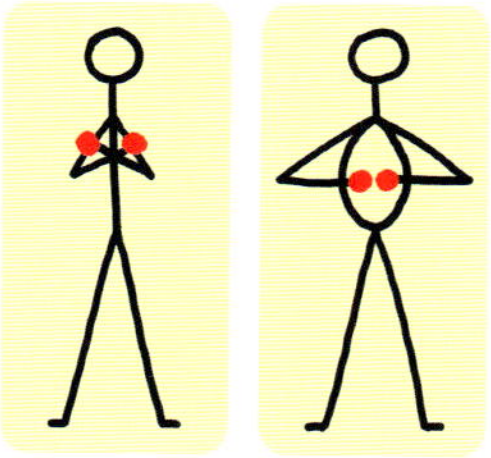
4

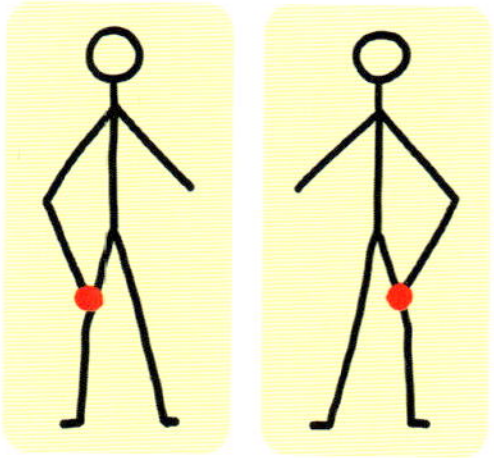
5

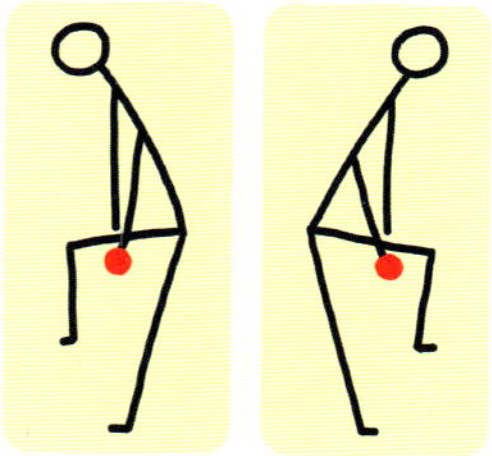
6

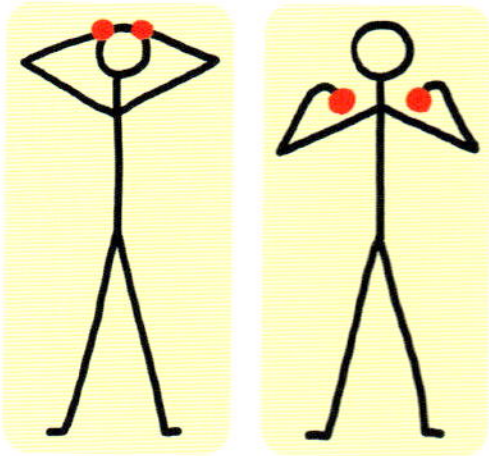
7

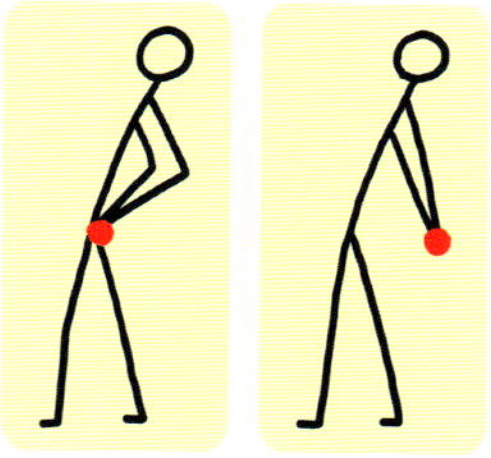
7

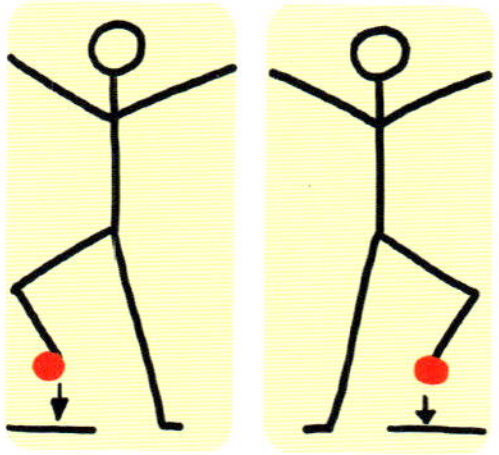
8

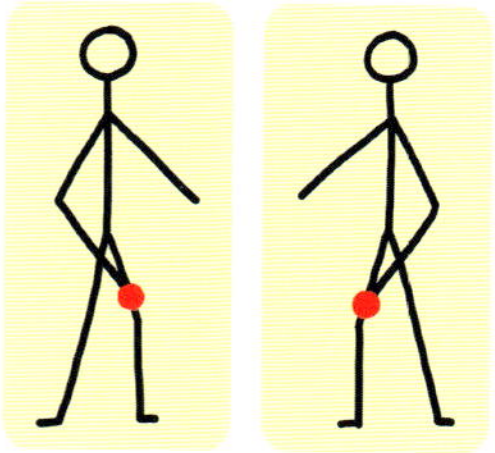
9

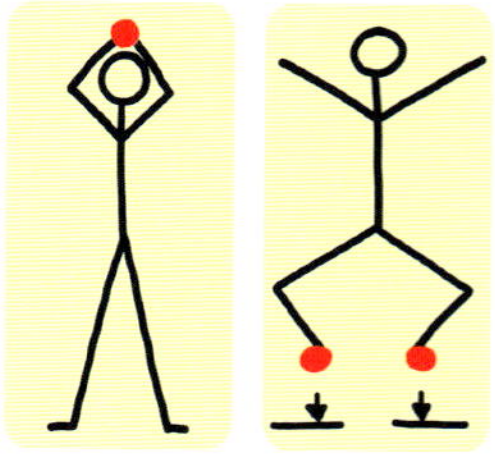
10

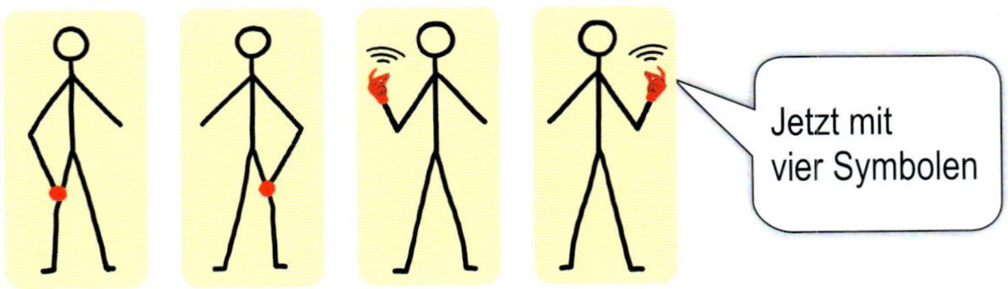

1

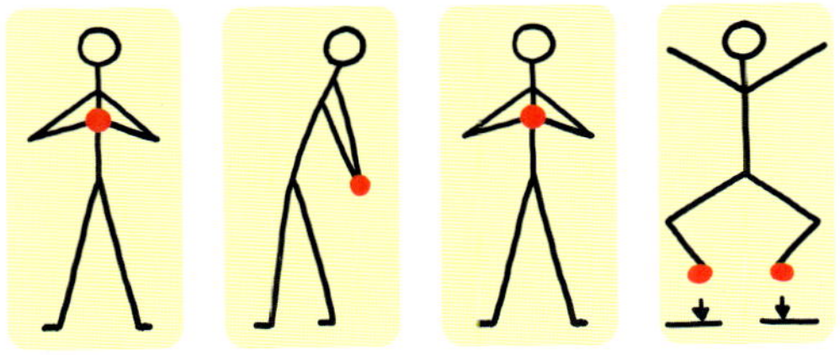
2

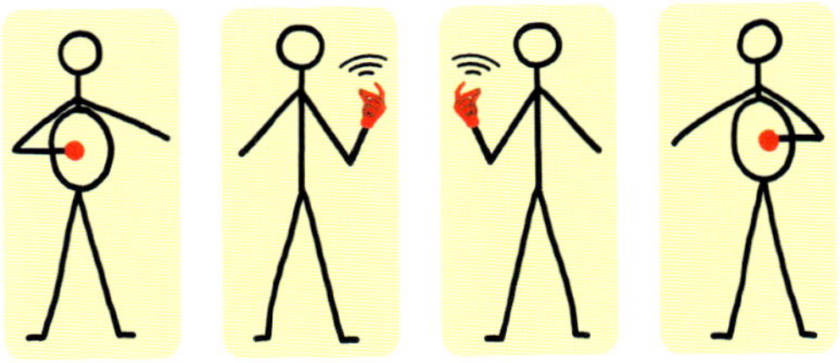
3

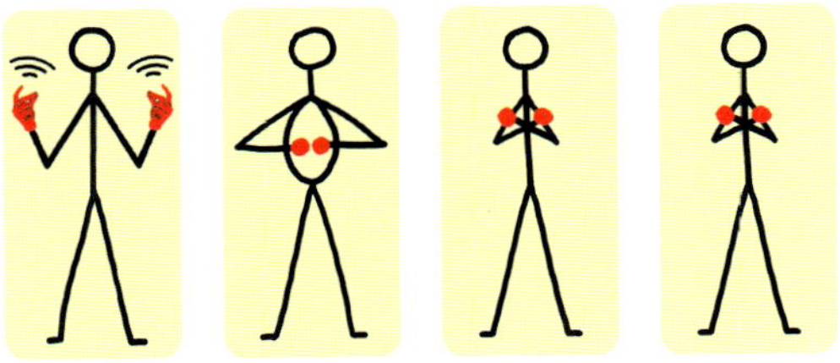
4

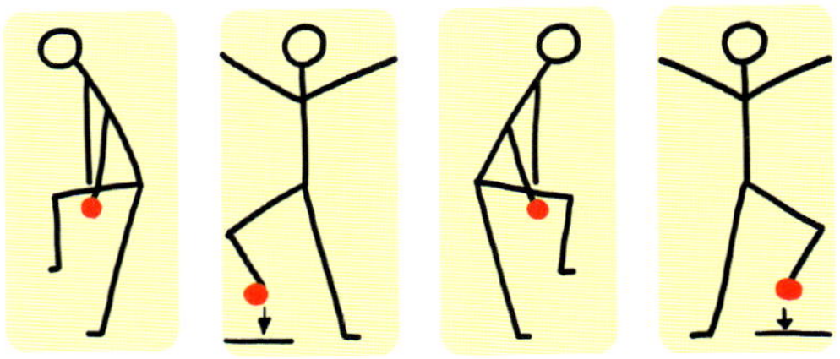
5

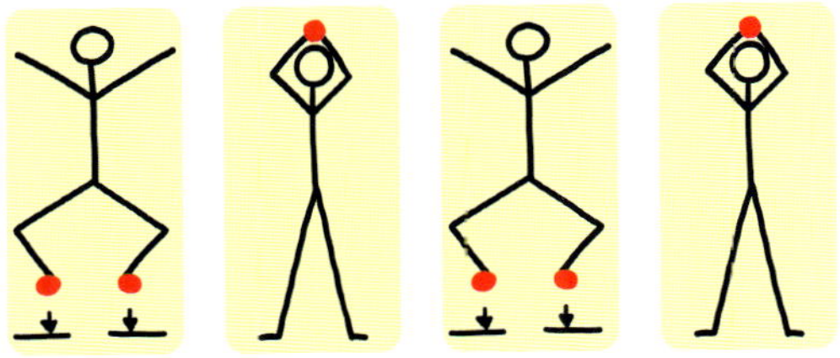
6

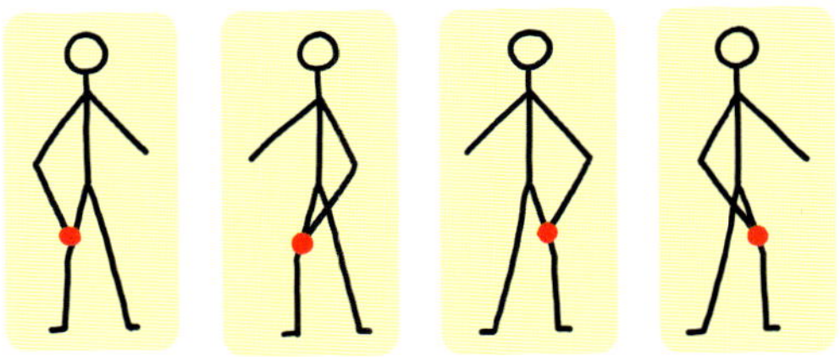
7

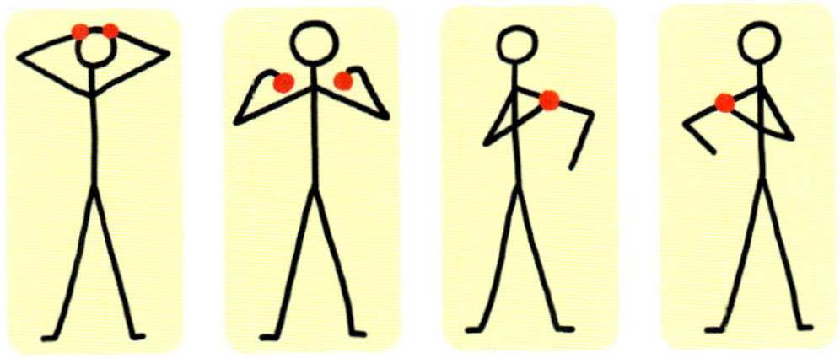
8

Spiele die Symbole nach

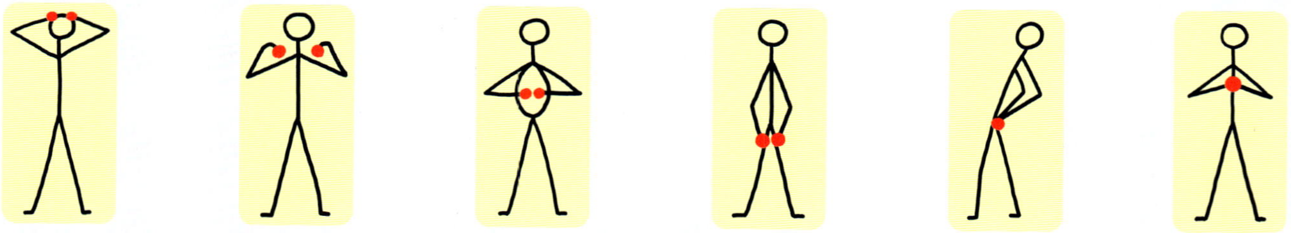

Jetzt jeden Schlag 2-mal

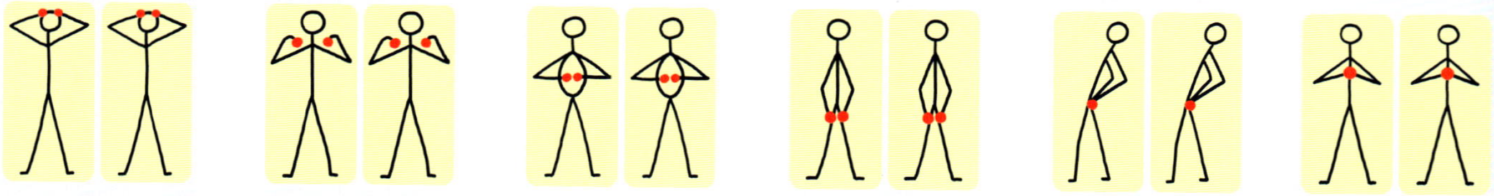

... 3-mal

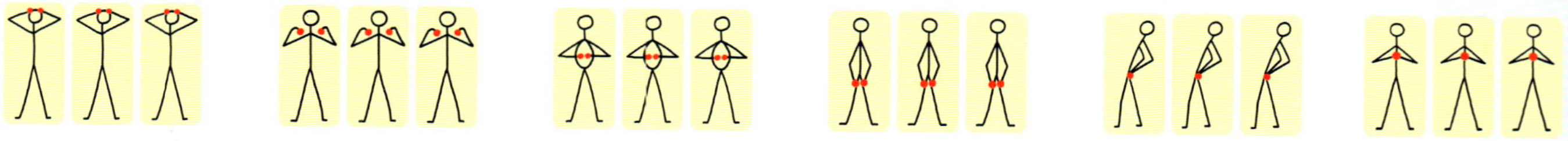

... 4-mal

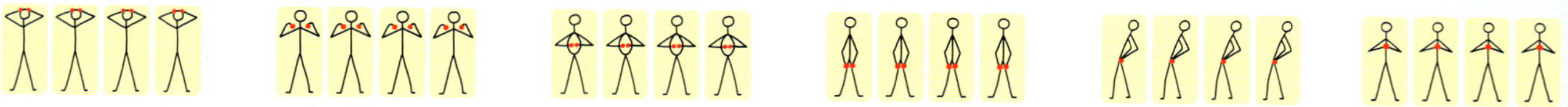

Notenwerte

Ganze Note

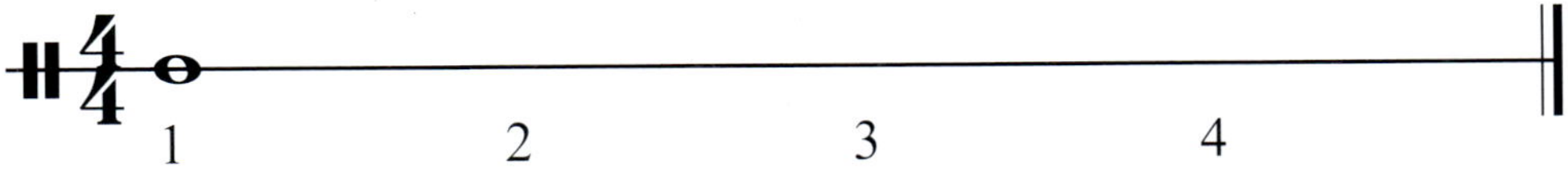

Halbe Note

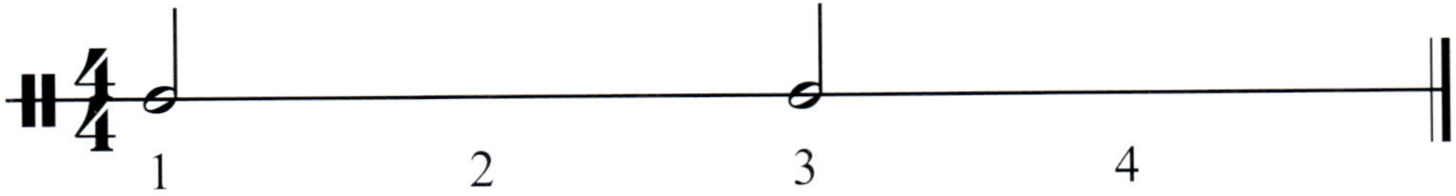

Viertelnote

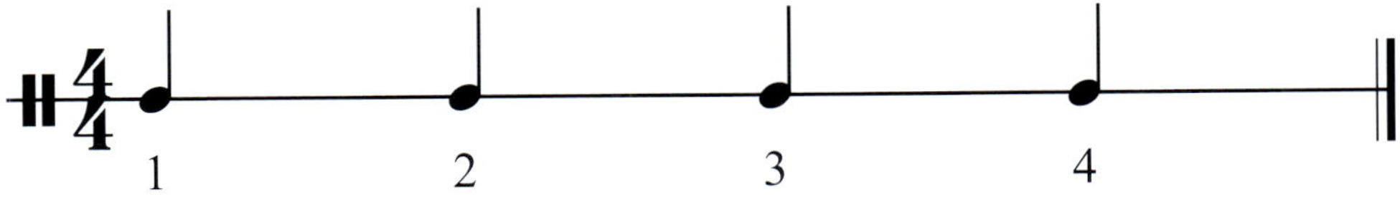

Achtelnote

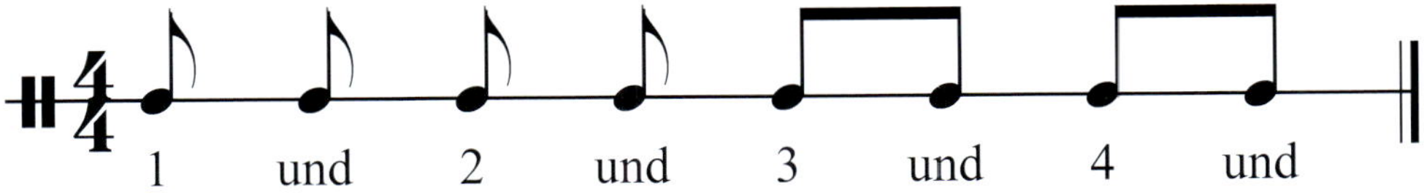

Sechzehntelnote

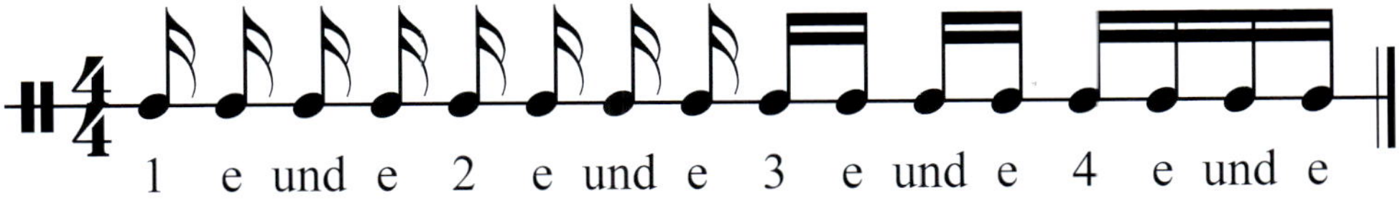

4/4 – mit Zählen

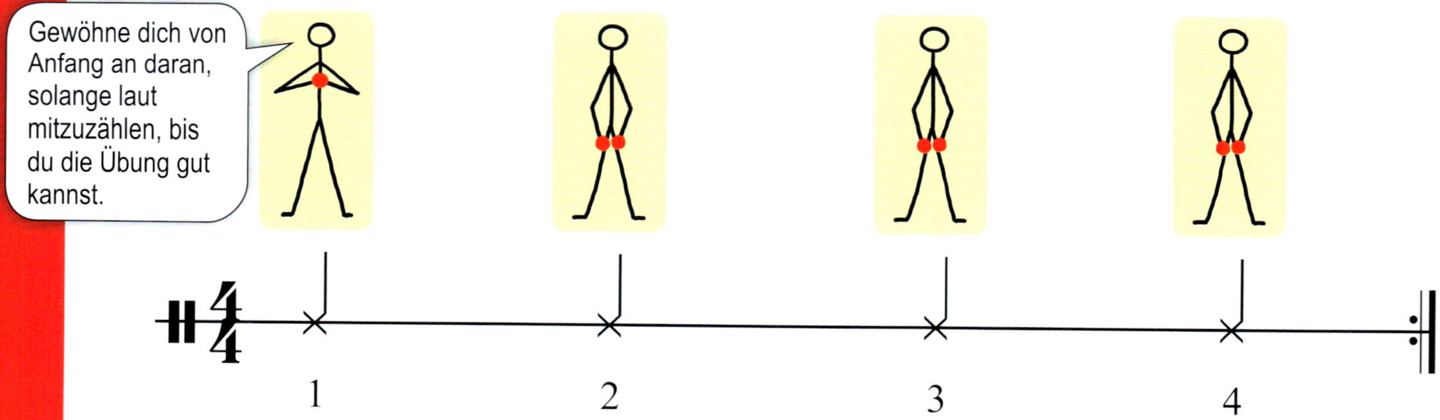

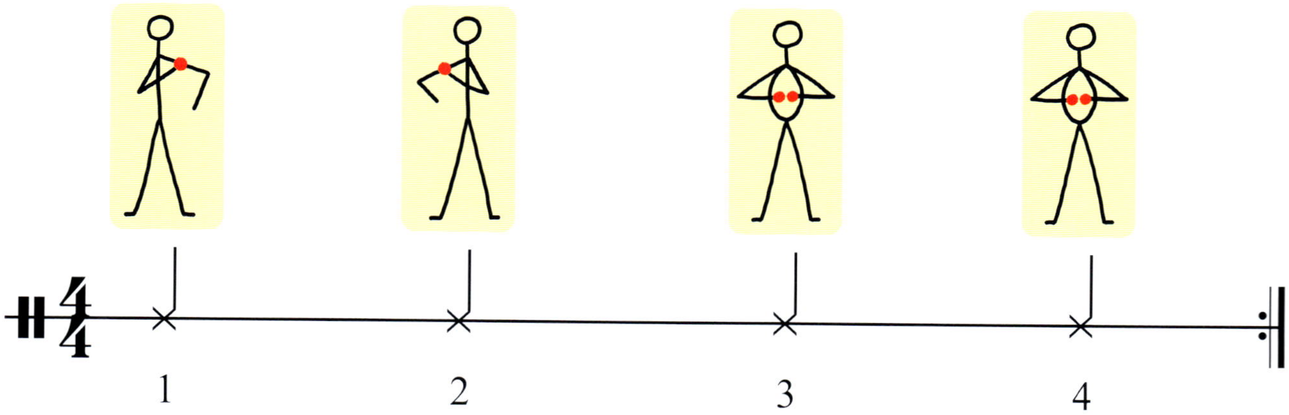

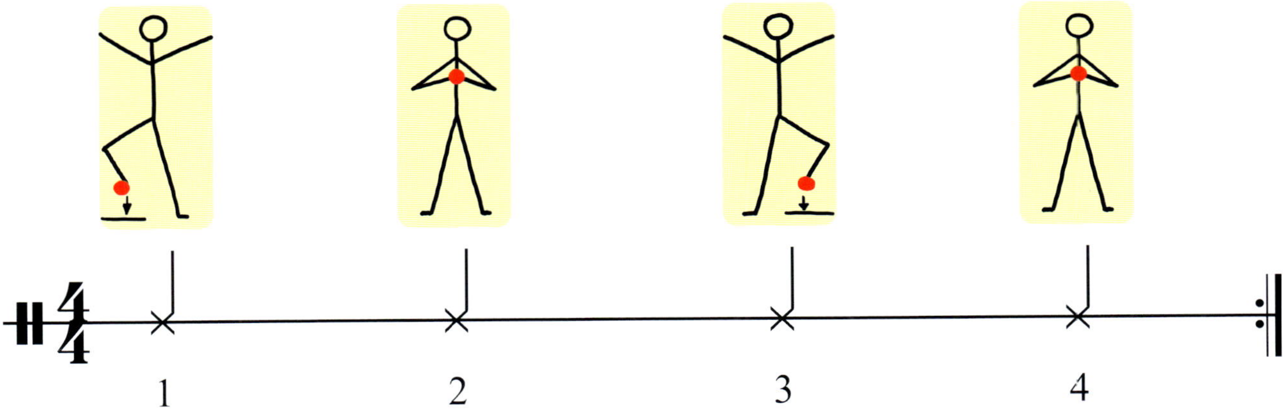
1
2
3
4

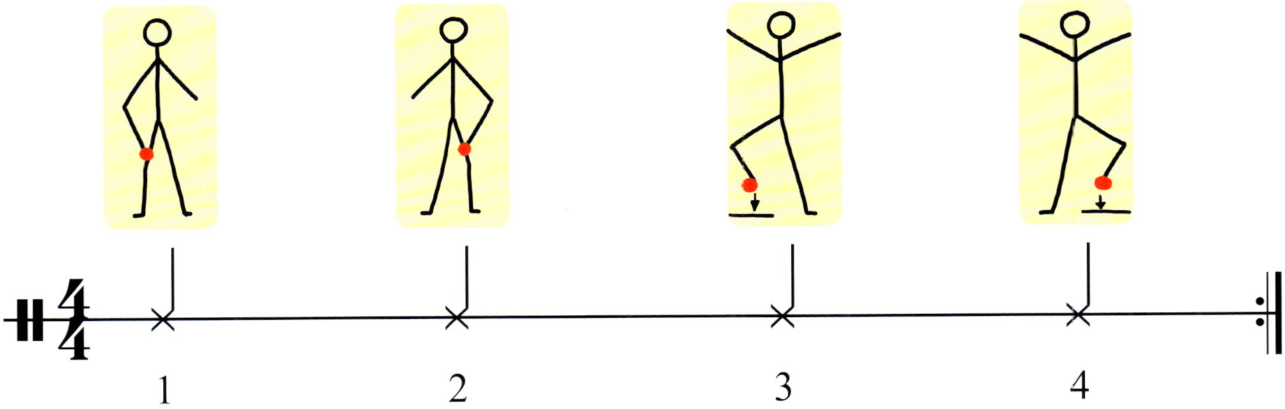
1
2
3
4

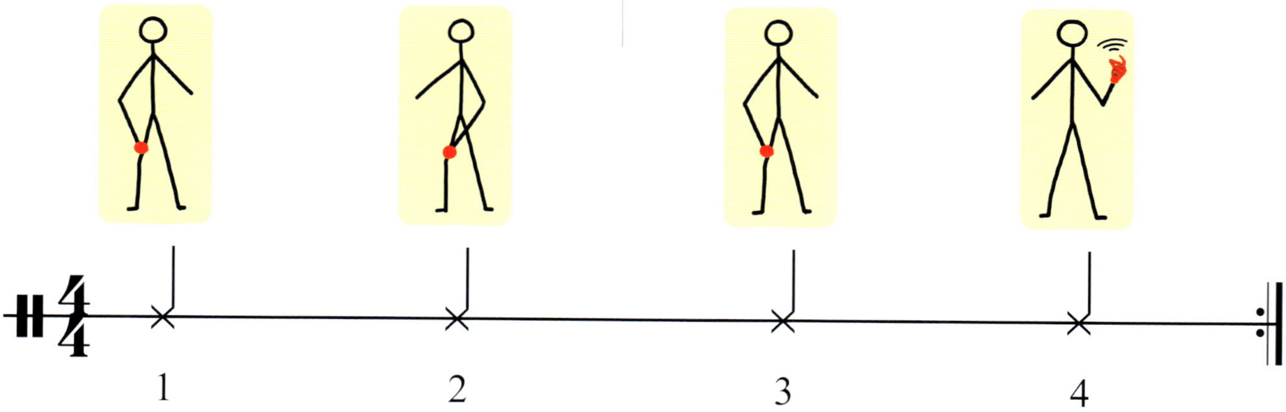
1
2
3
4

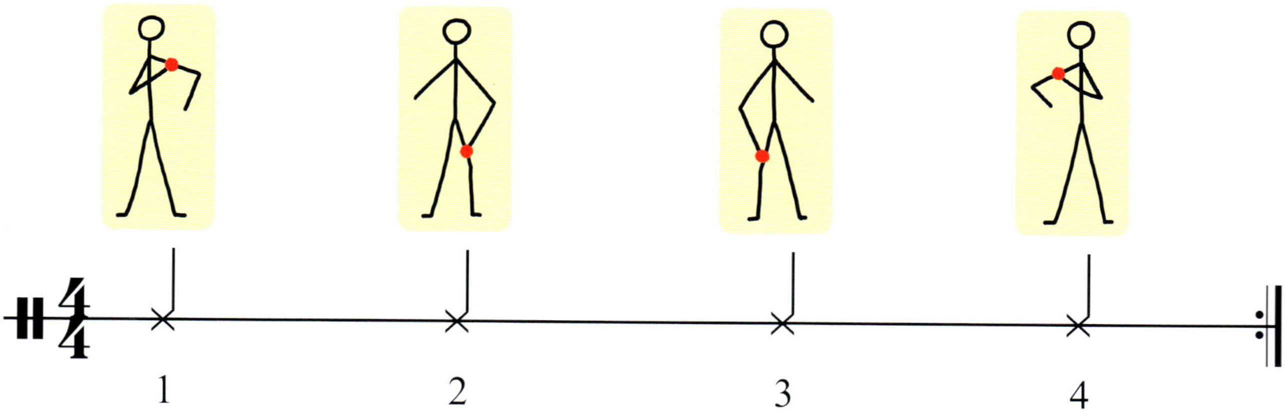
1
2
3
4

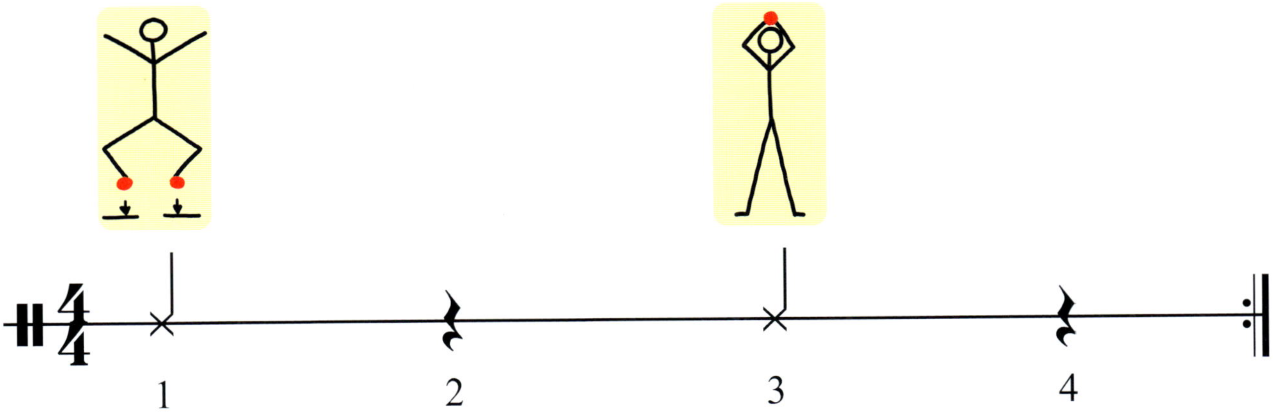
1
2
3
4

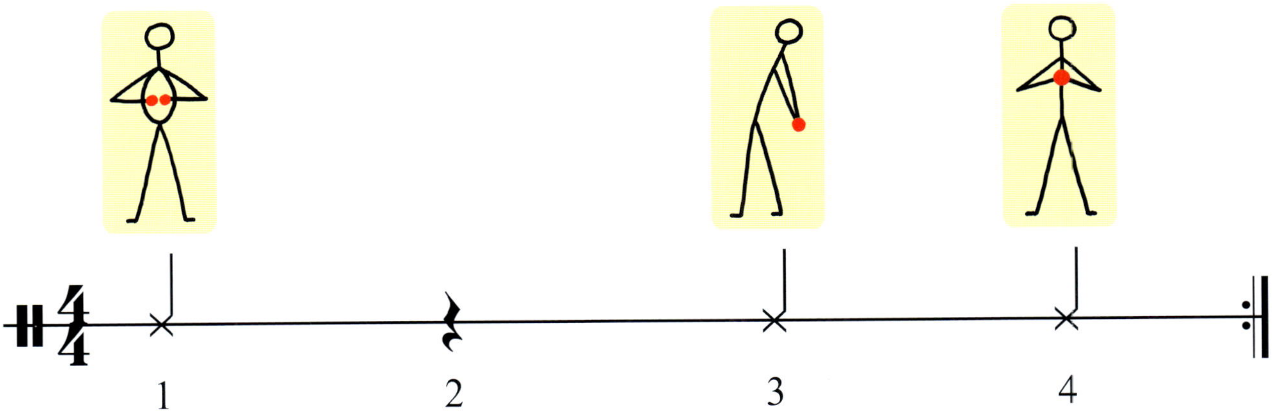
1
2
3
4

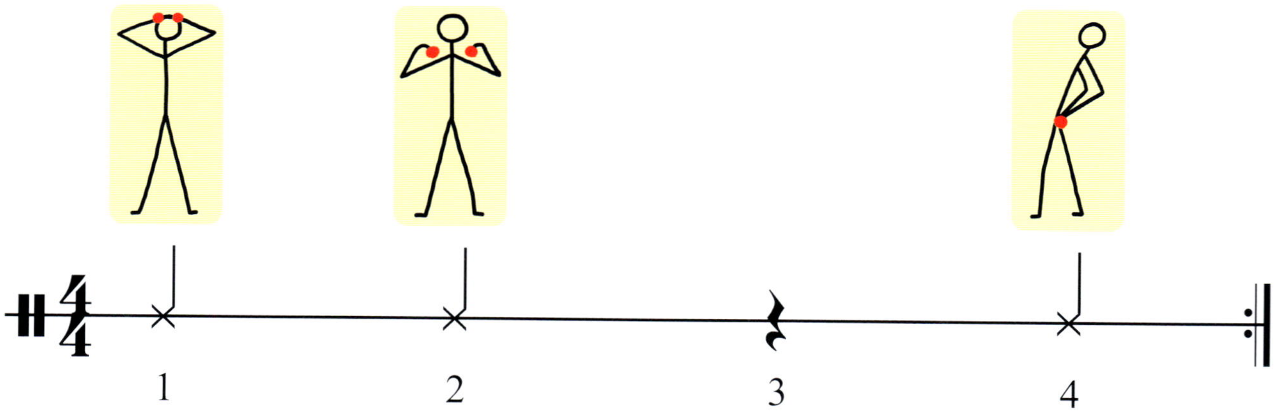
1
2
3
4

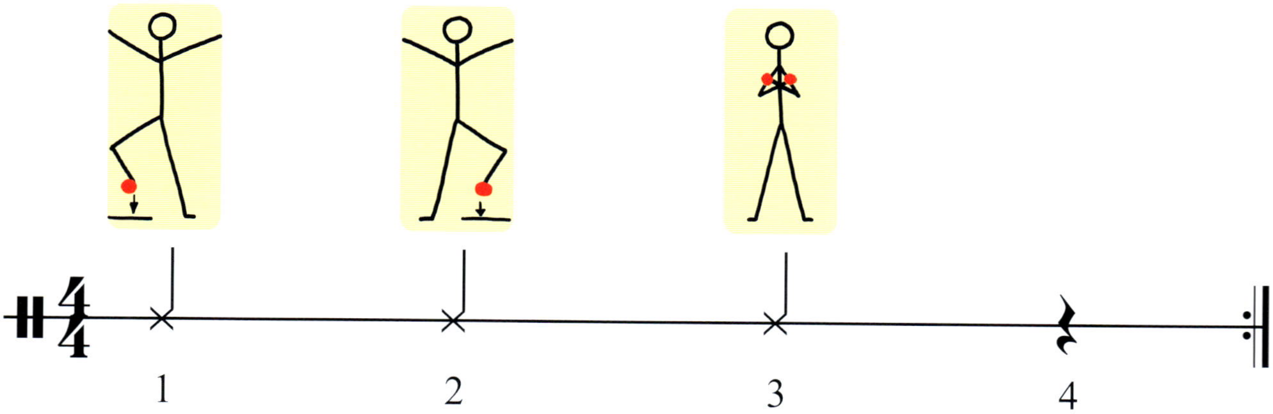
1
2
3
4

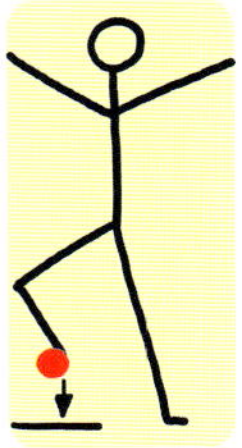

Sprich bei „**+**“ ein „**und**“:
„Eins und zwei und drei und vier und“

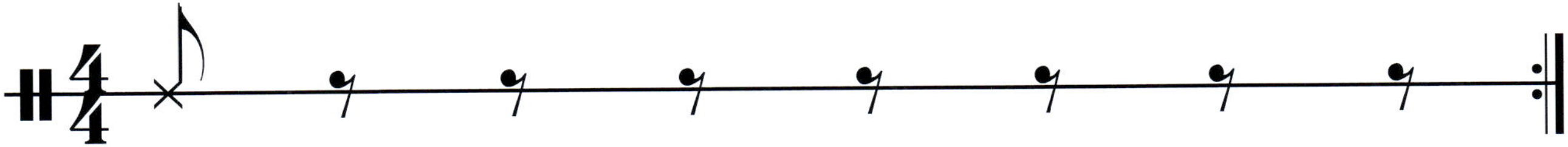

1 + 2 + 3 + 4 +

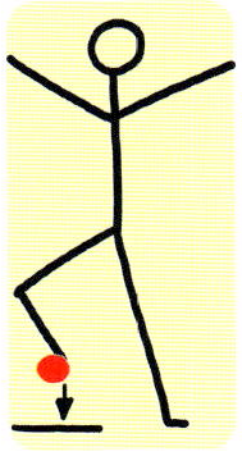

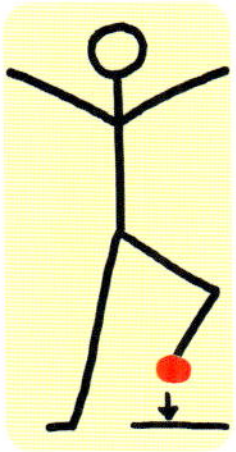

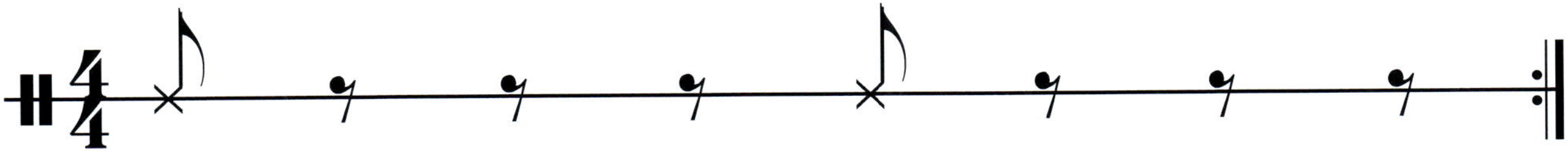

1 + 2 + 3 + 4 +

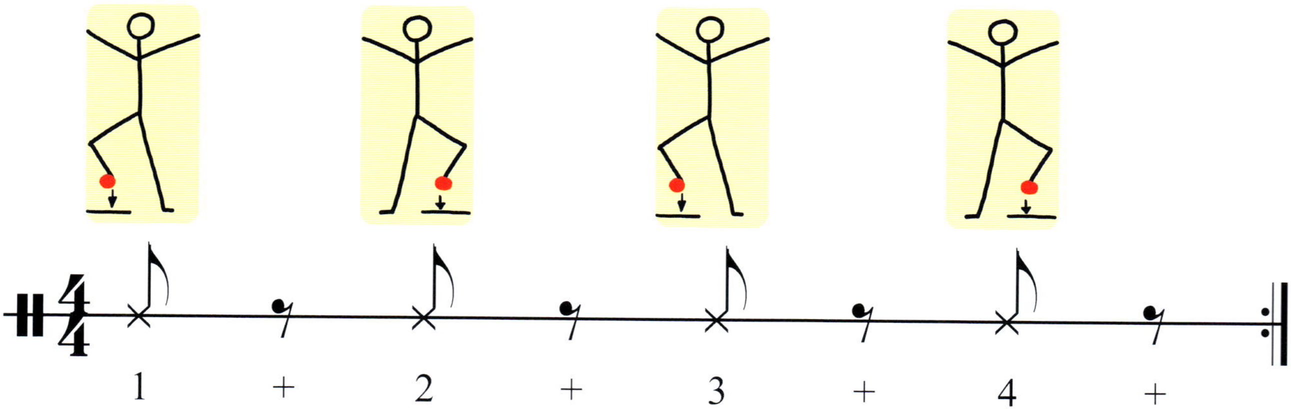
1 + 2 + 3 + 4 +

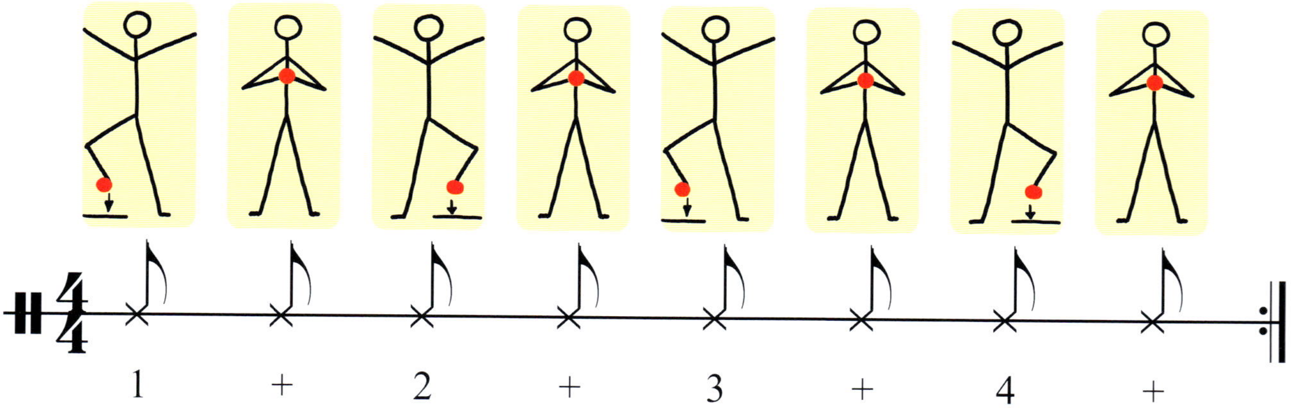
1 + 2 + 3 + 4 +

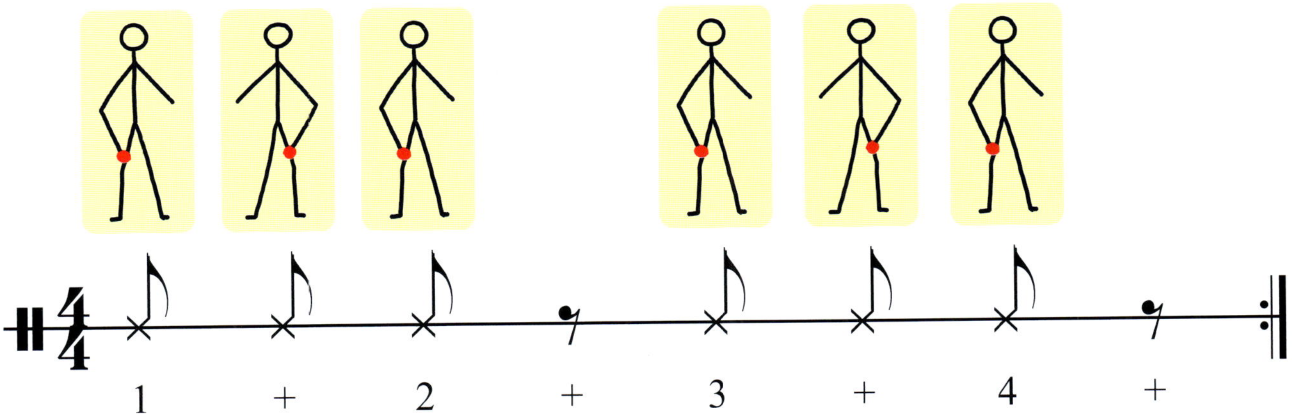
1 + 2 + 3 + 4 +

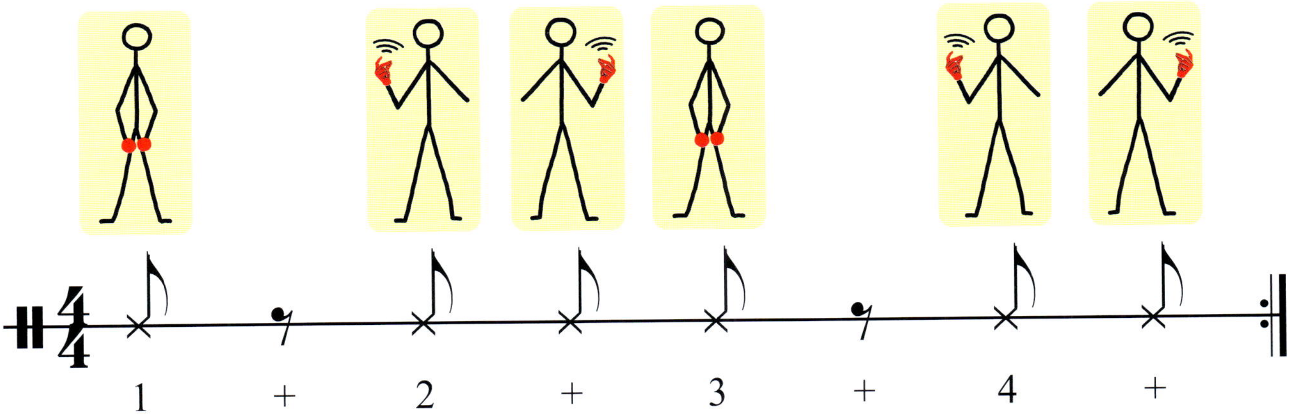
1 + 2 + 3 + 4 +

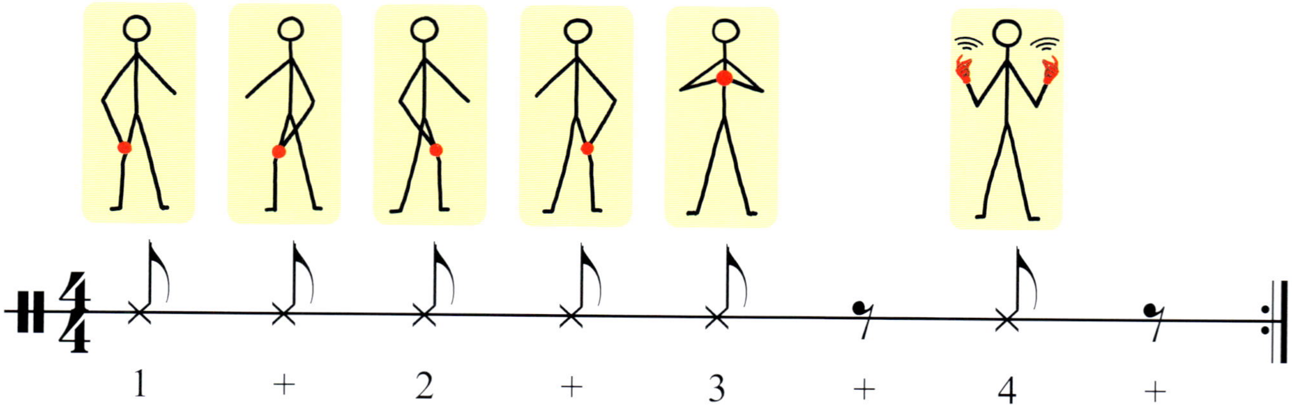
1 + 2 + 3 + 4 +

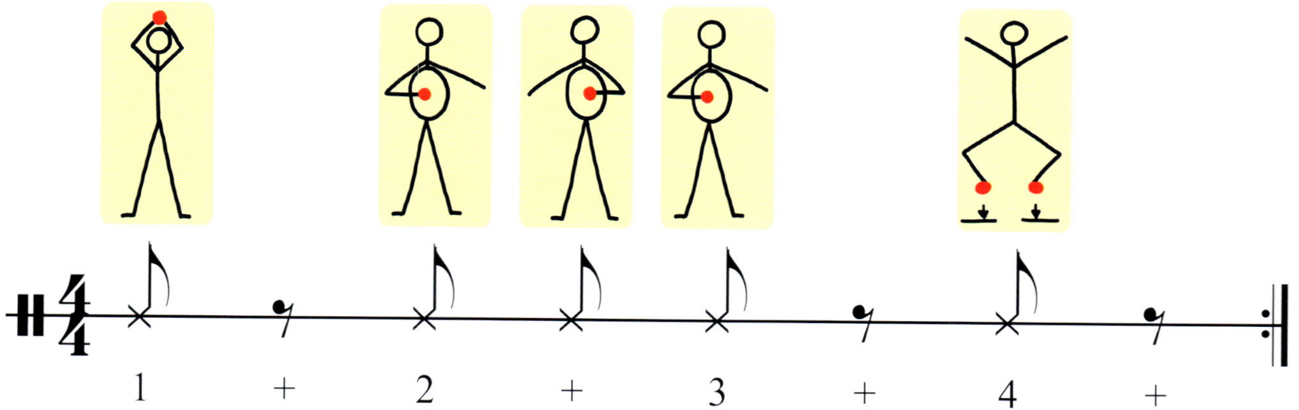
1 + 2 + 3 + 4 +

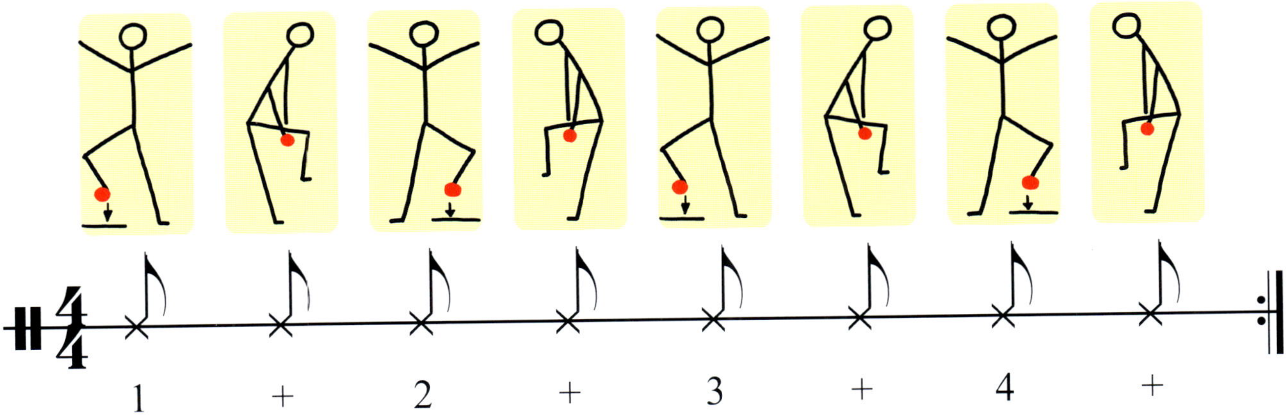
1 + 2 + 3 + 4 +

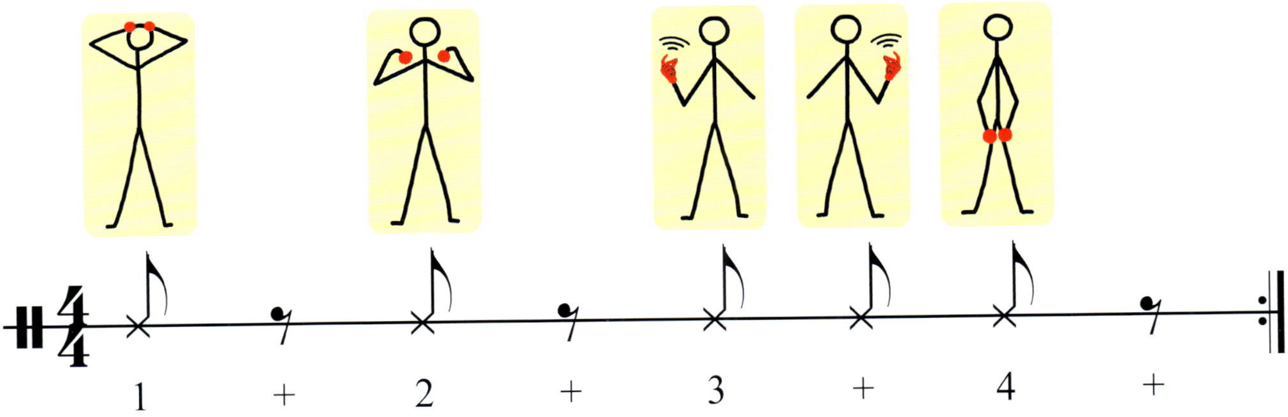
1 + 2 + 3 + 4 +

4/4 – zwei Takte mit Zählen

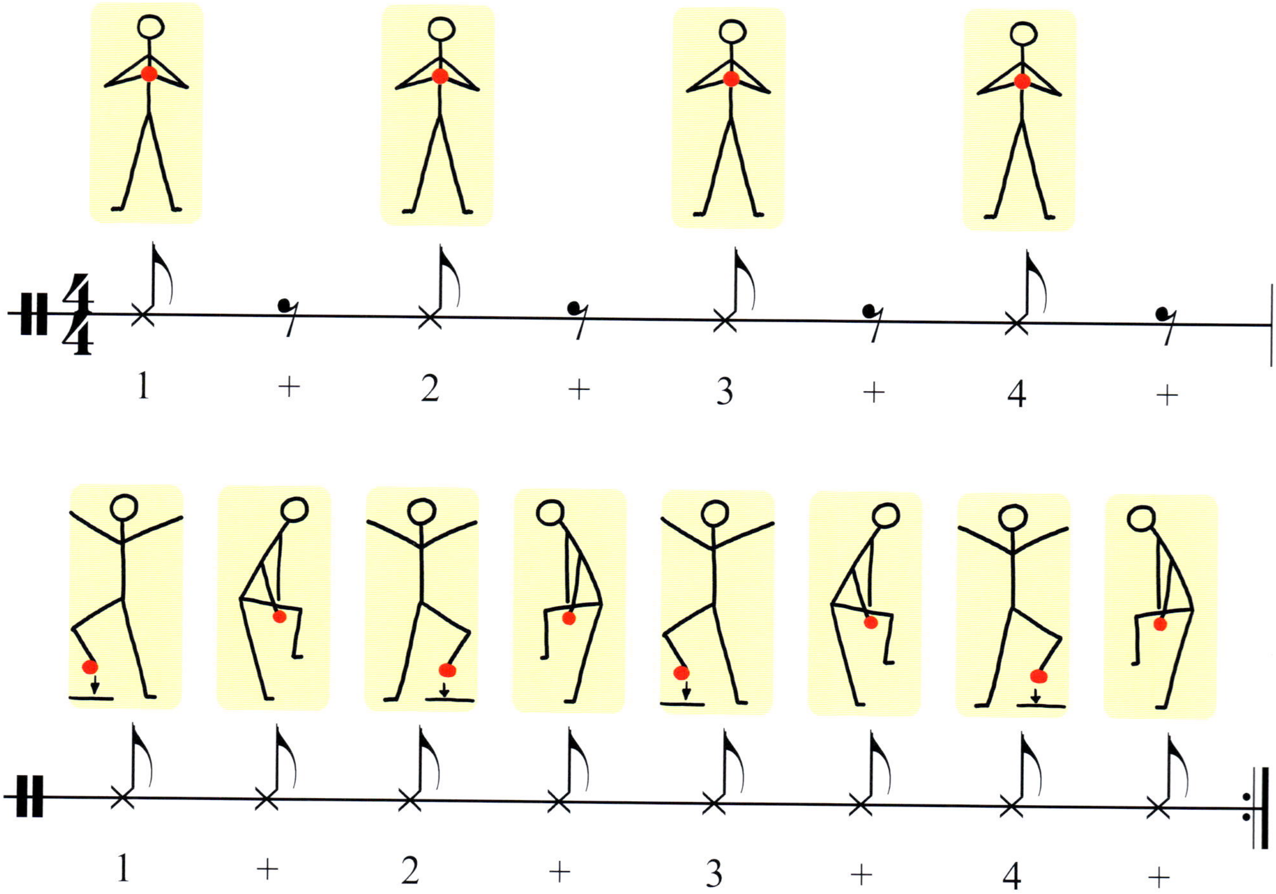

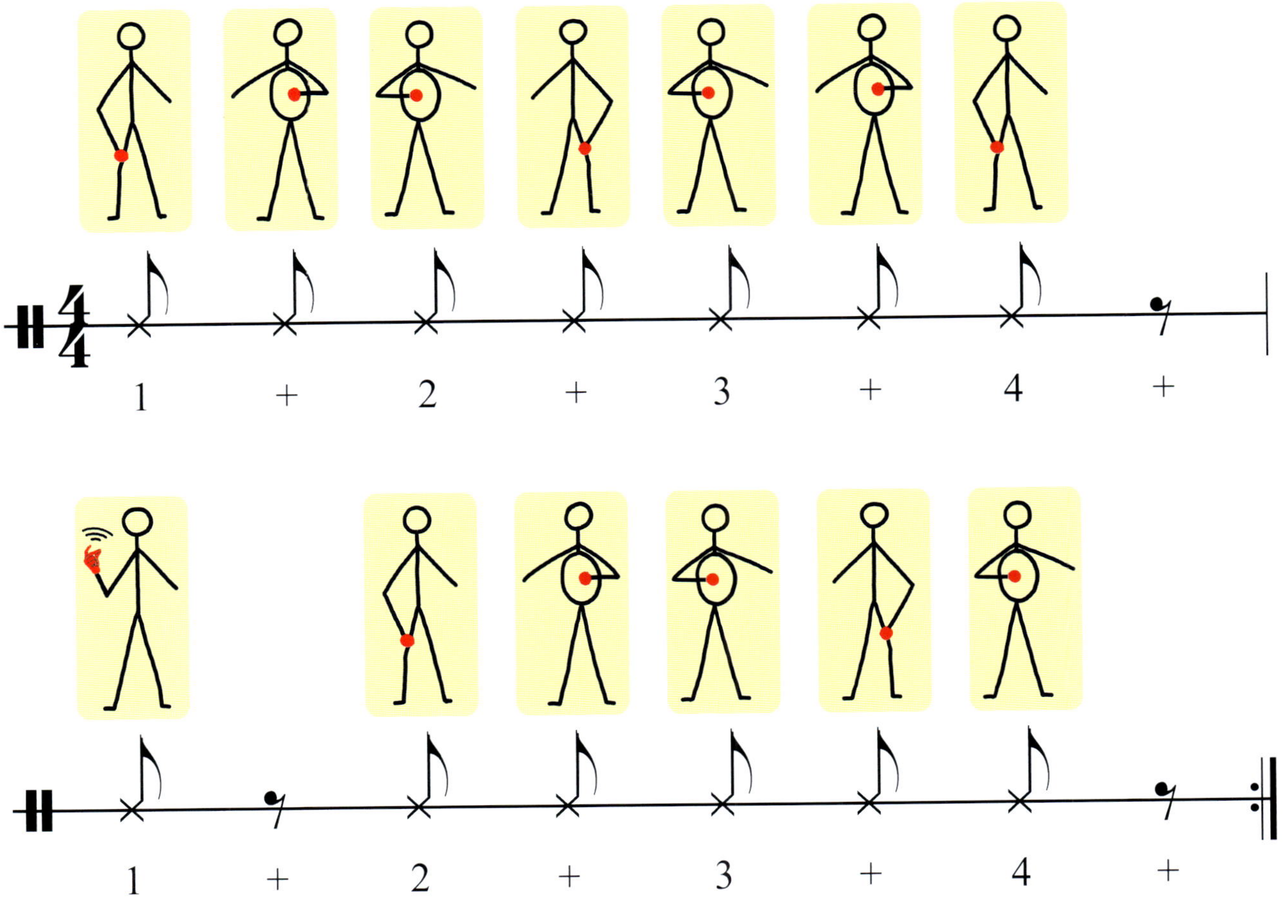
4/4
1 + 2 + 3 + 4 +
1 + 2 + 3 + 4 +

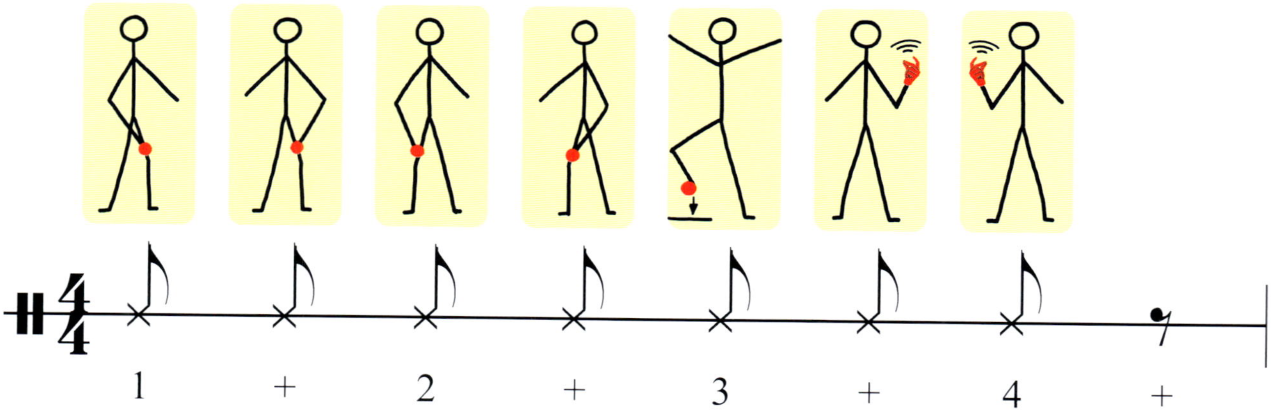
1 + 2 + 3 + 4 +

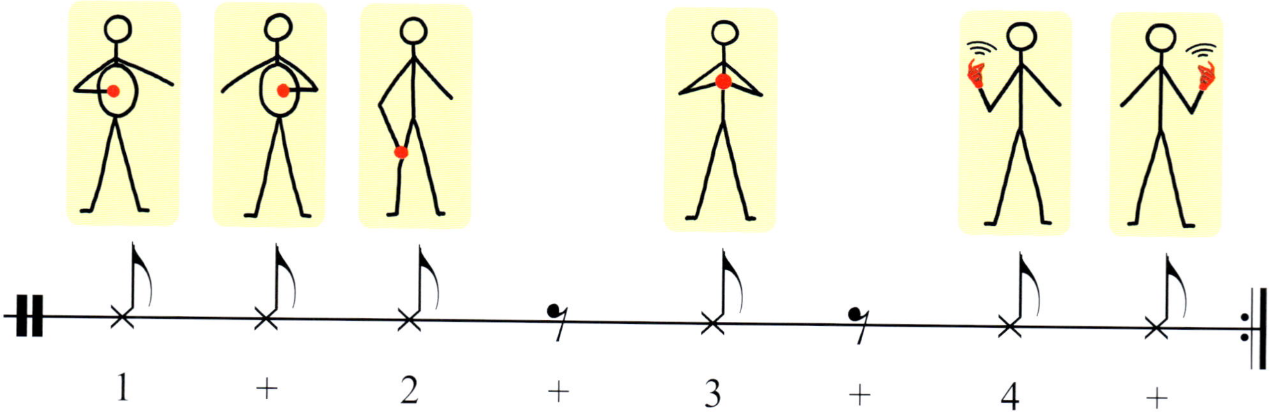
1 + 2 + 3 + 4 +

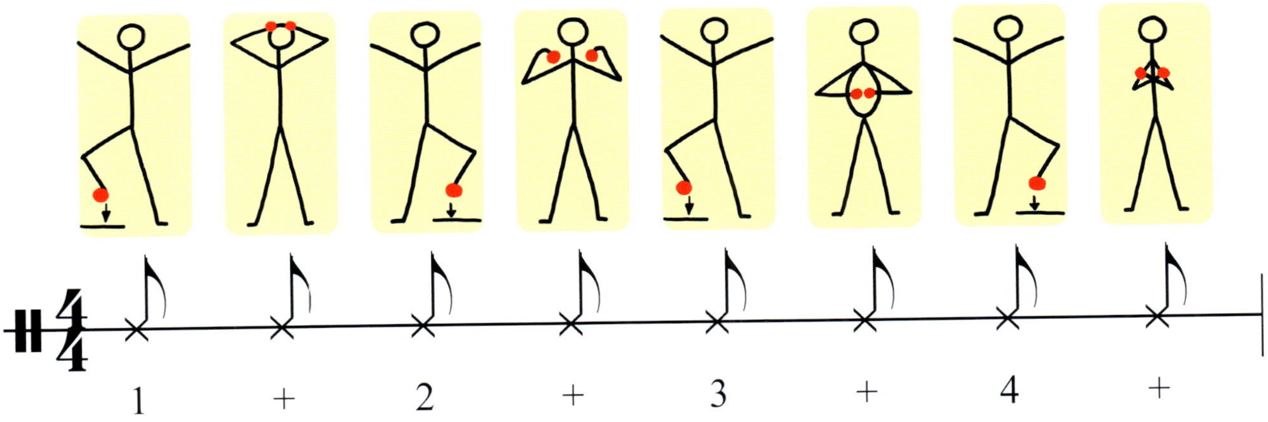
4/4
1 + 2 + 3 + 4 +

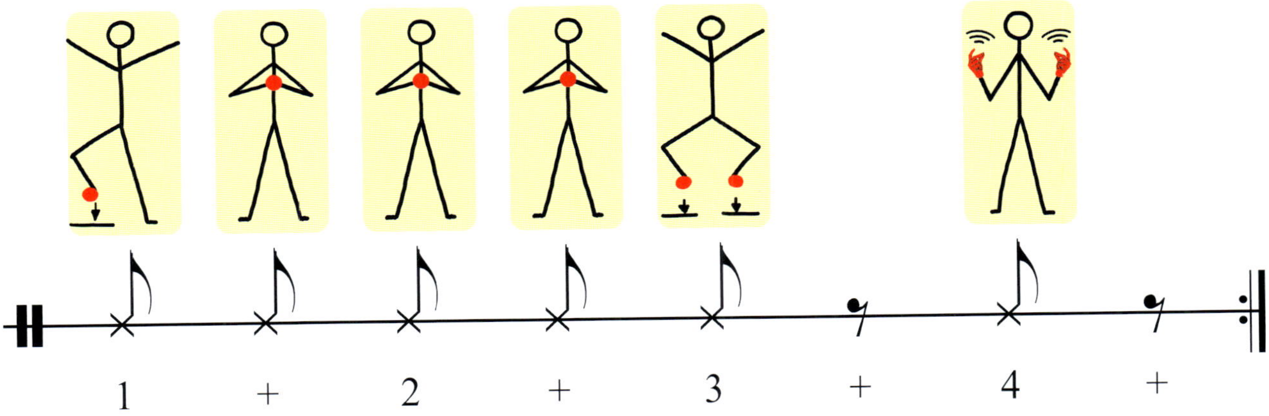
1 + 2 + 3 + 4 +

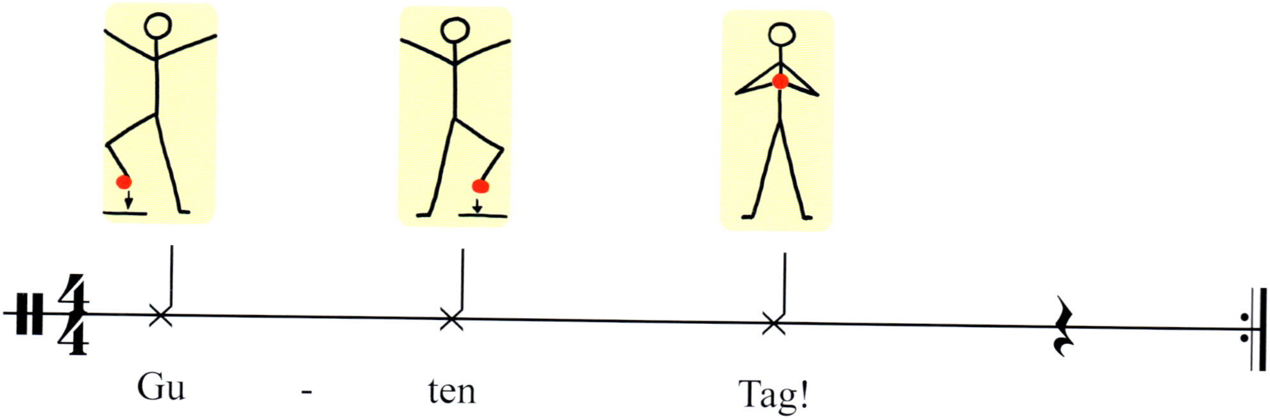
Gu - ten Tag!

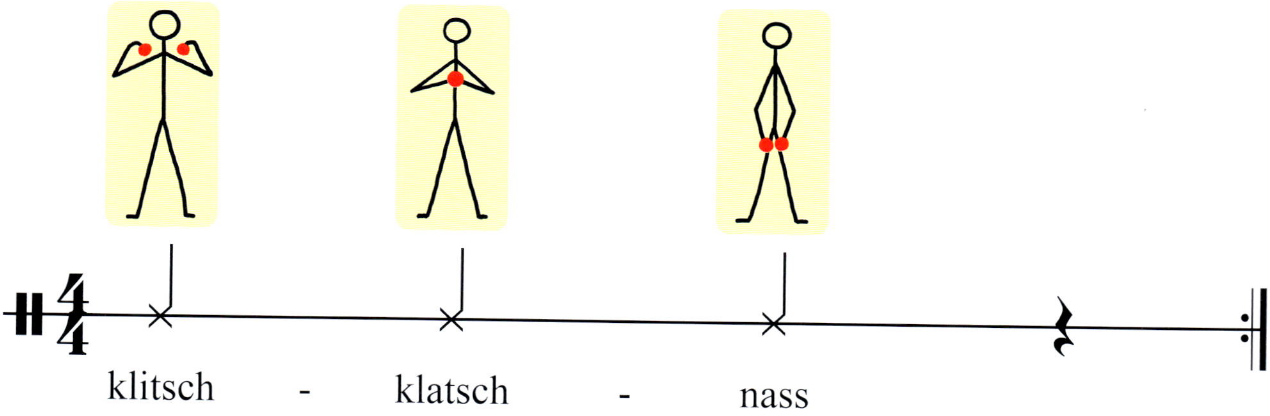
klitsch - klatsch - nass

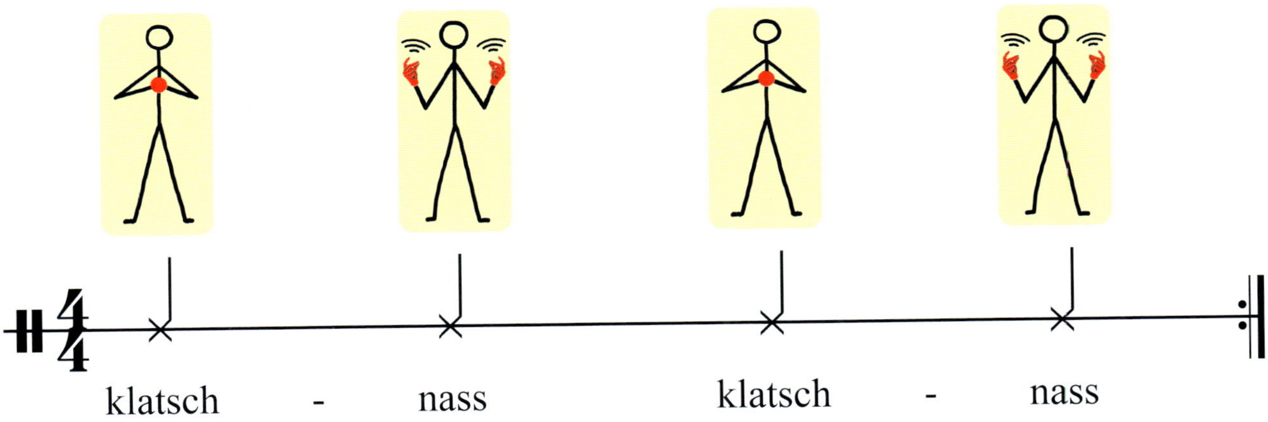
klatsch - nass klatsch - nass

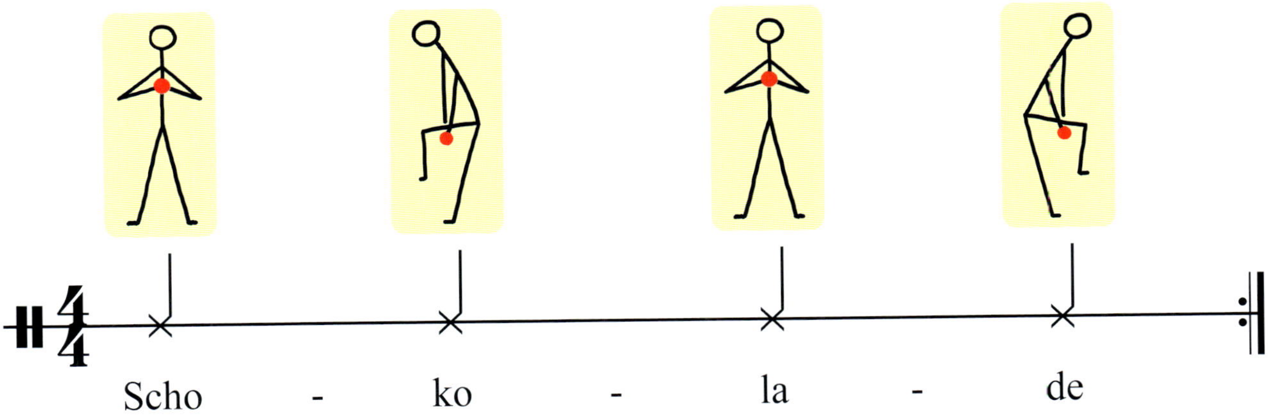
Scho - ko - la - de

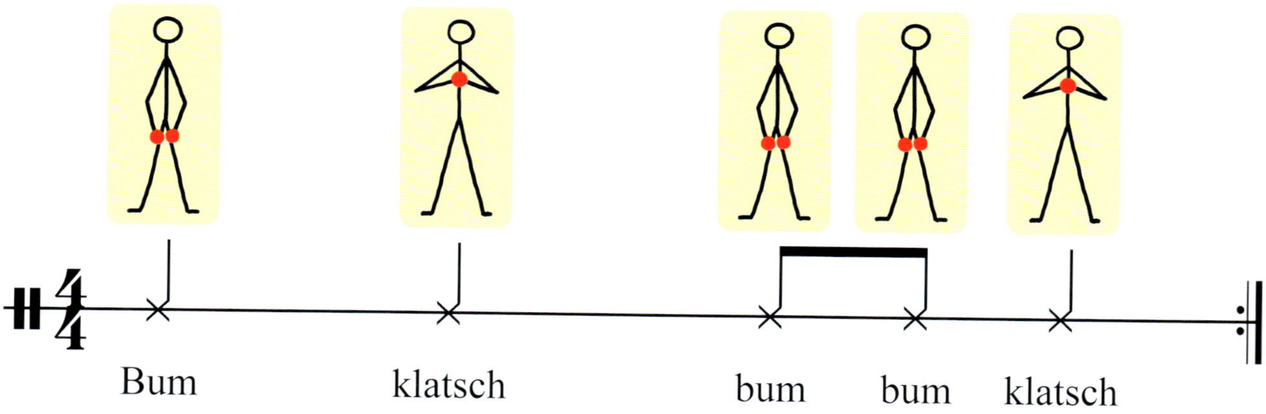
Bum
klatsch
bum
bum
klatsch

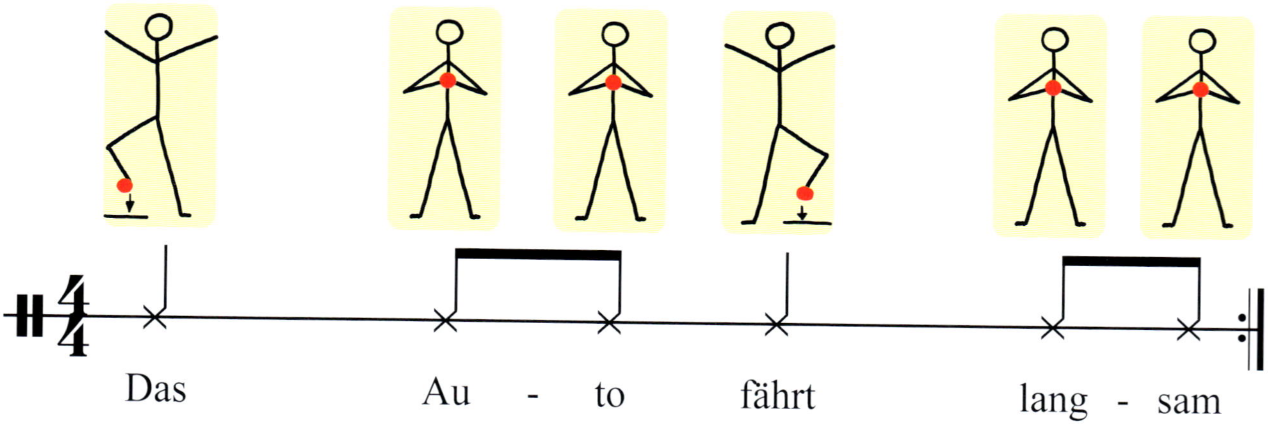
Das
Au - to
fährt
lang - sam

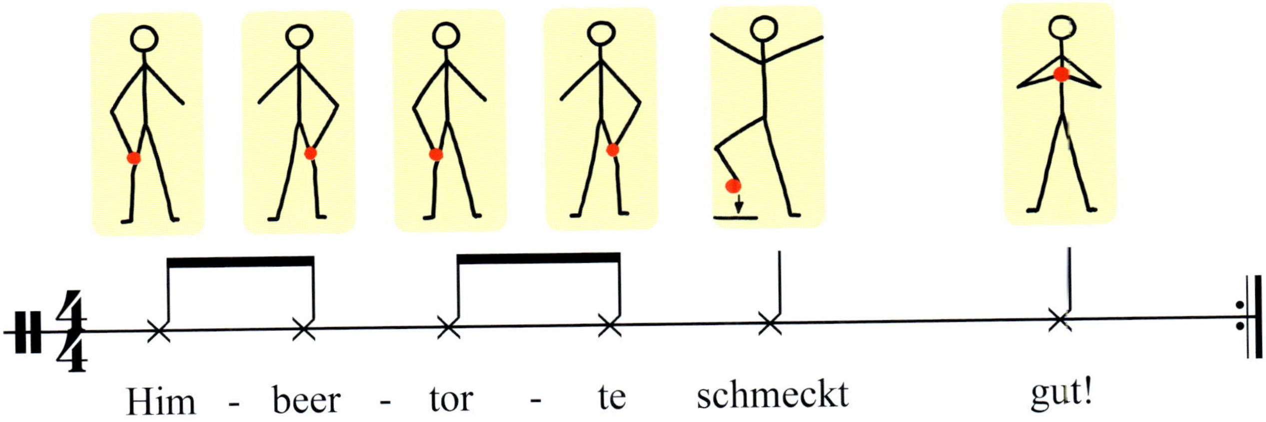
Him - beer - tor - te schmeckt gut!

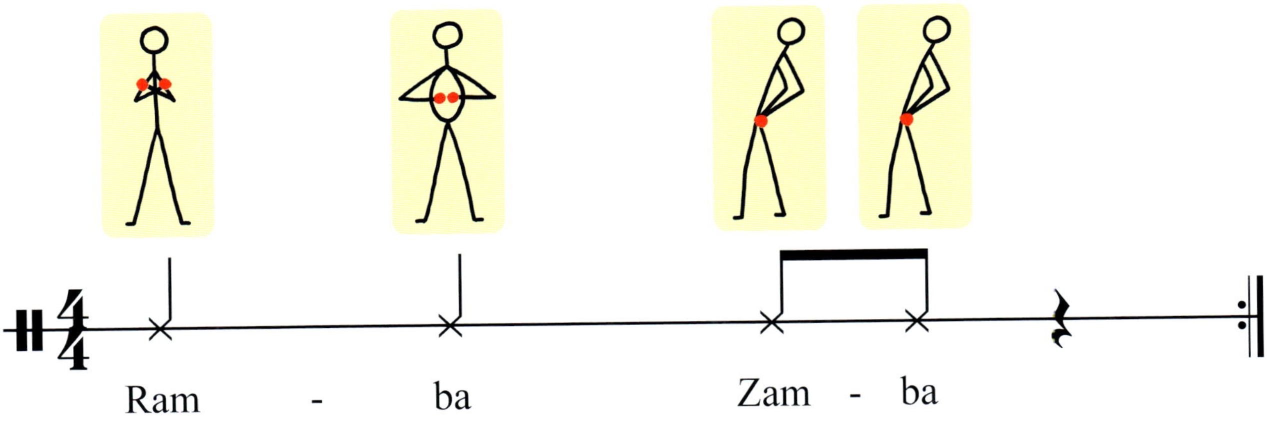
Ram - ba Zam - ba

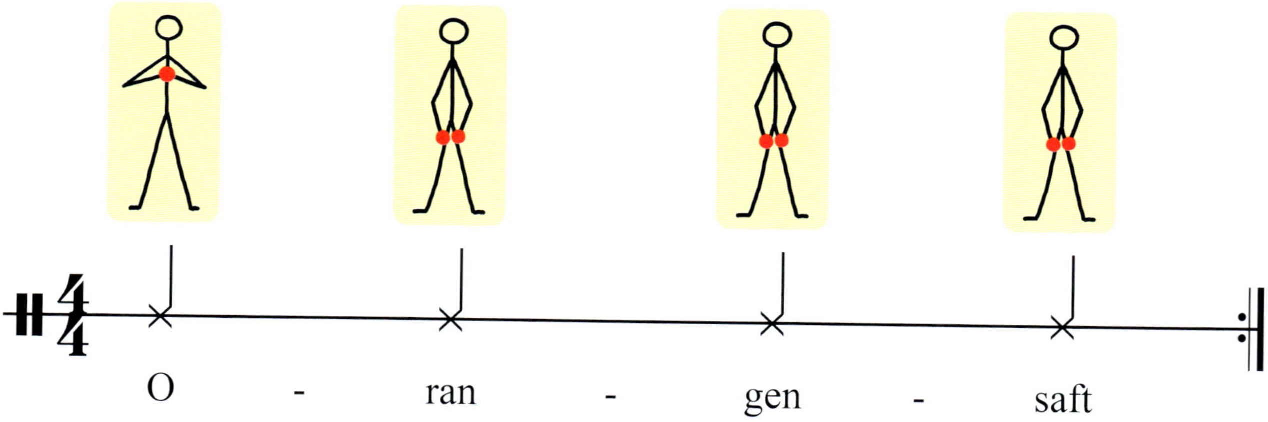
O - ran - gen - saft

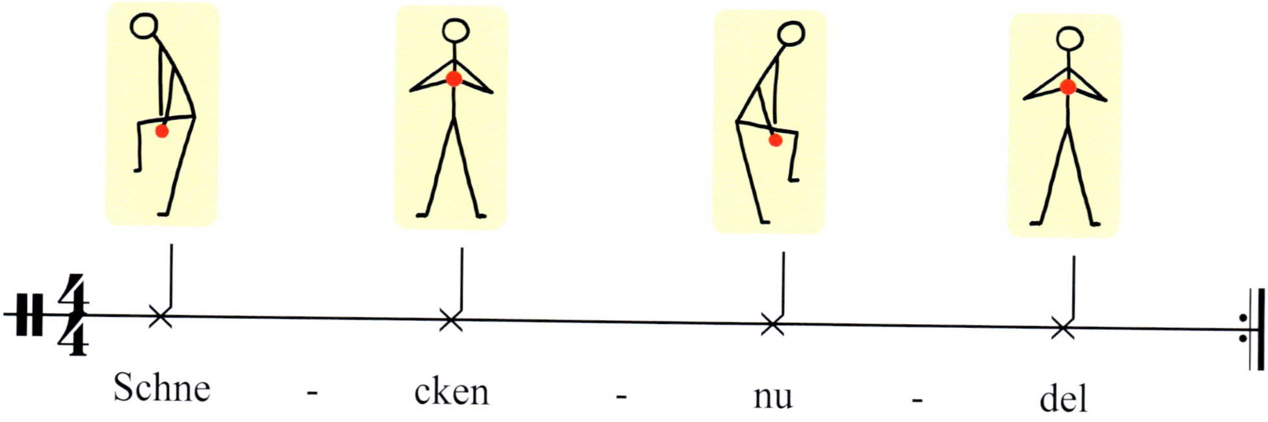
Schne - cken - nu - del

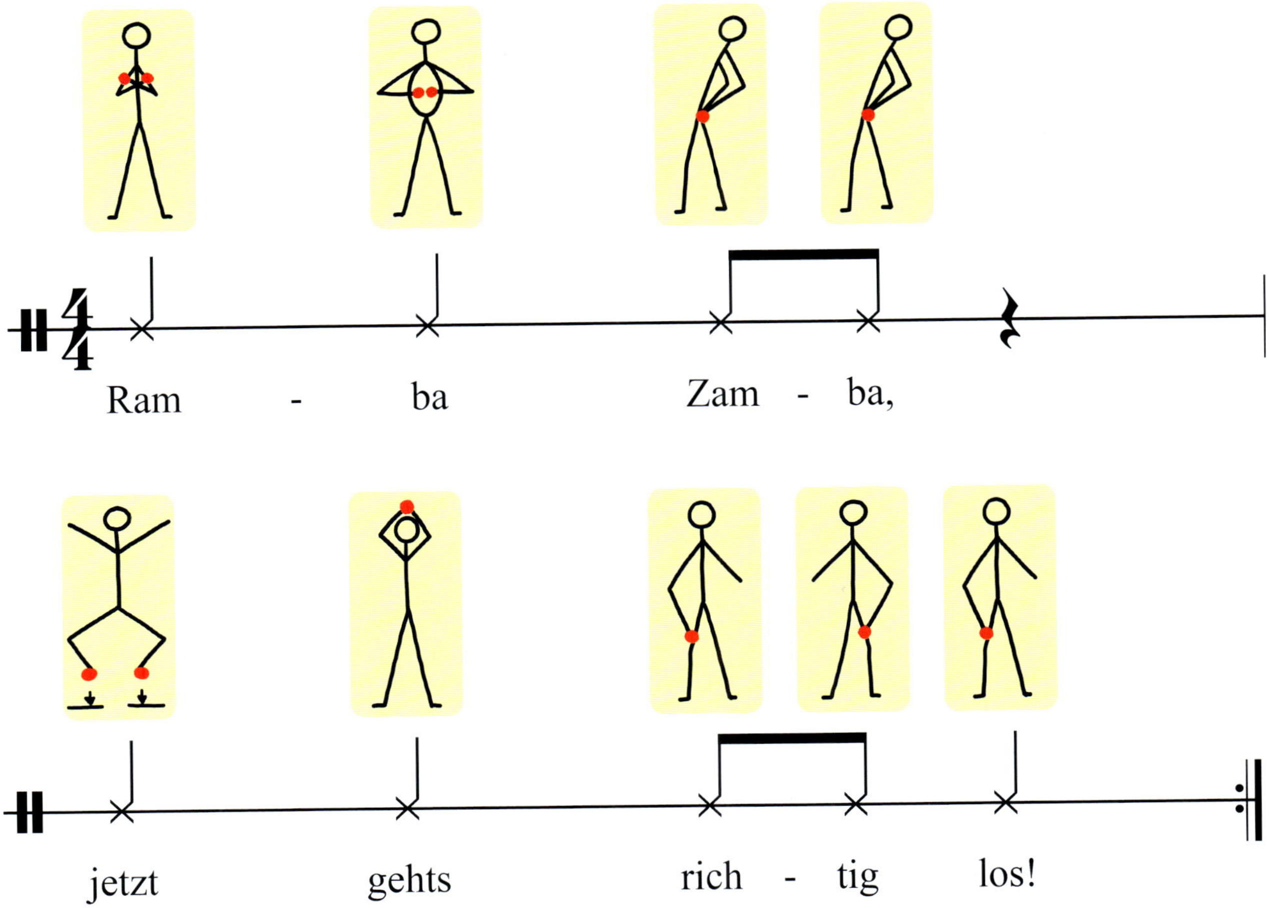
4/4
Ram - ba Zam - ba,
jetzt gehts rich - tig los!

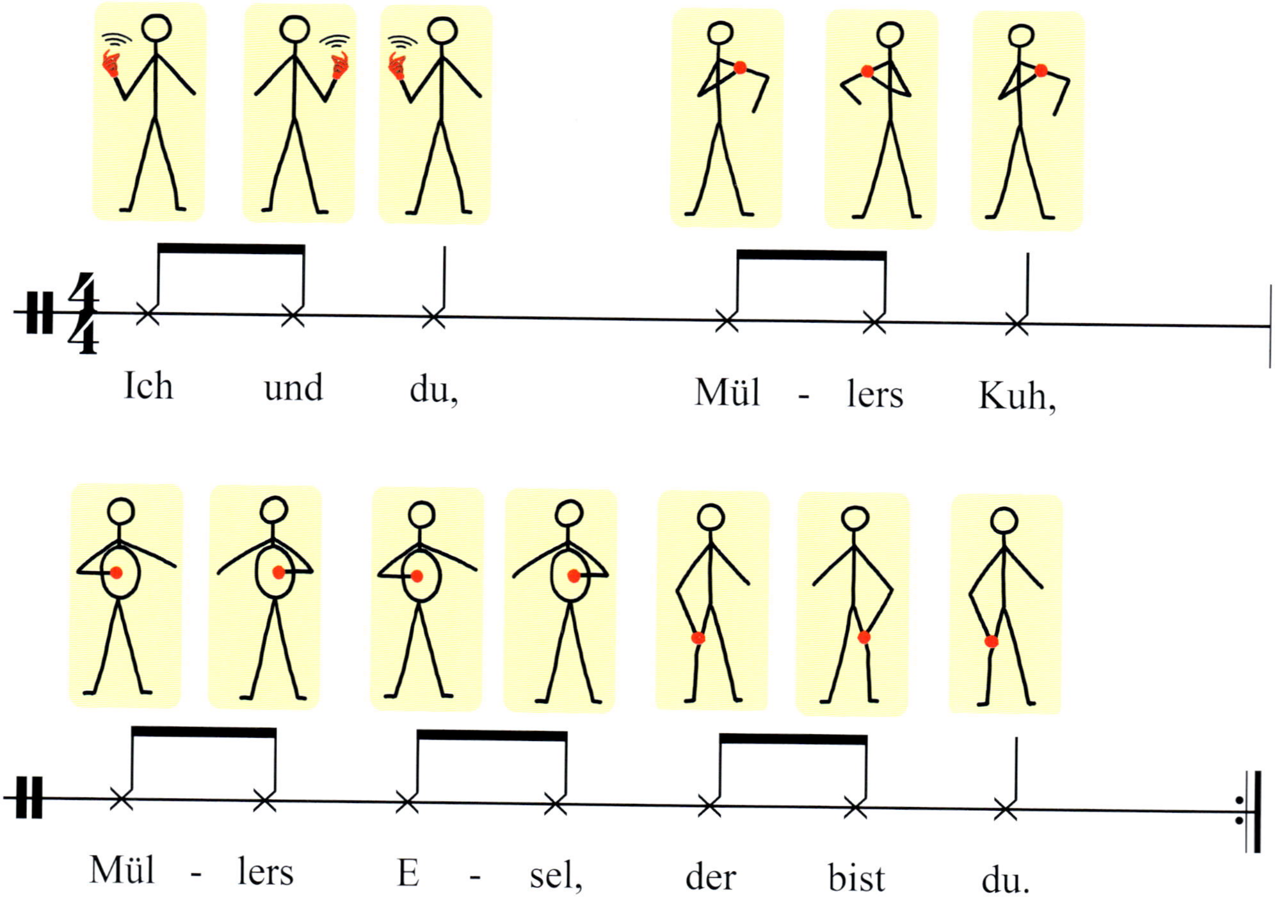
Ich und du, Mül - lers Kuh,
Mül - lers E - sel, der bist du.

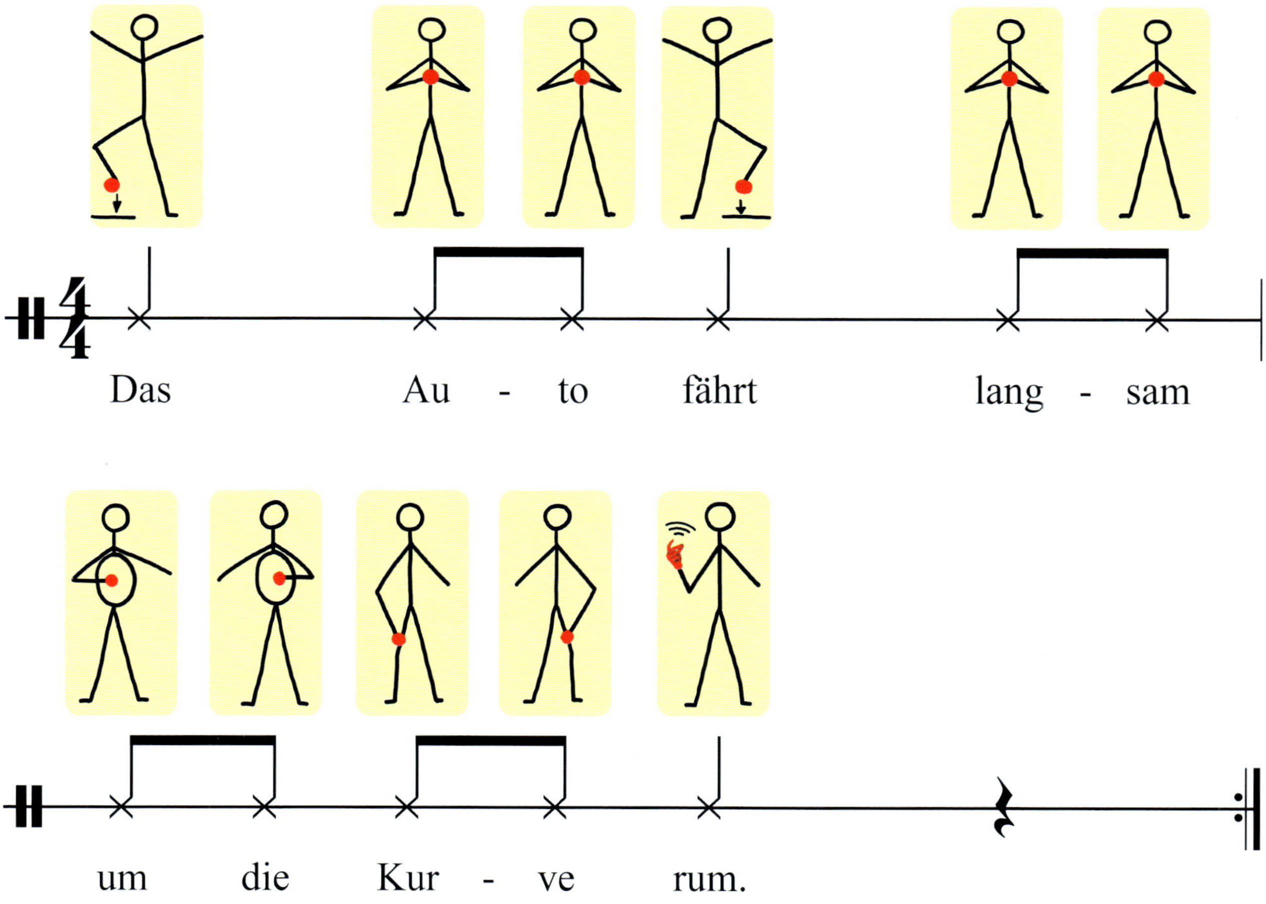
Das Au - to fährt lang - sam
um die Kur - ve rum.

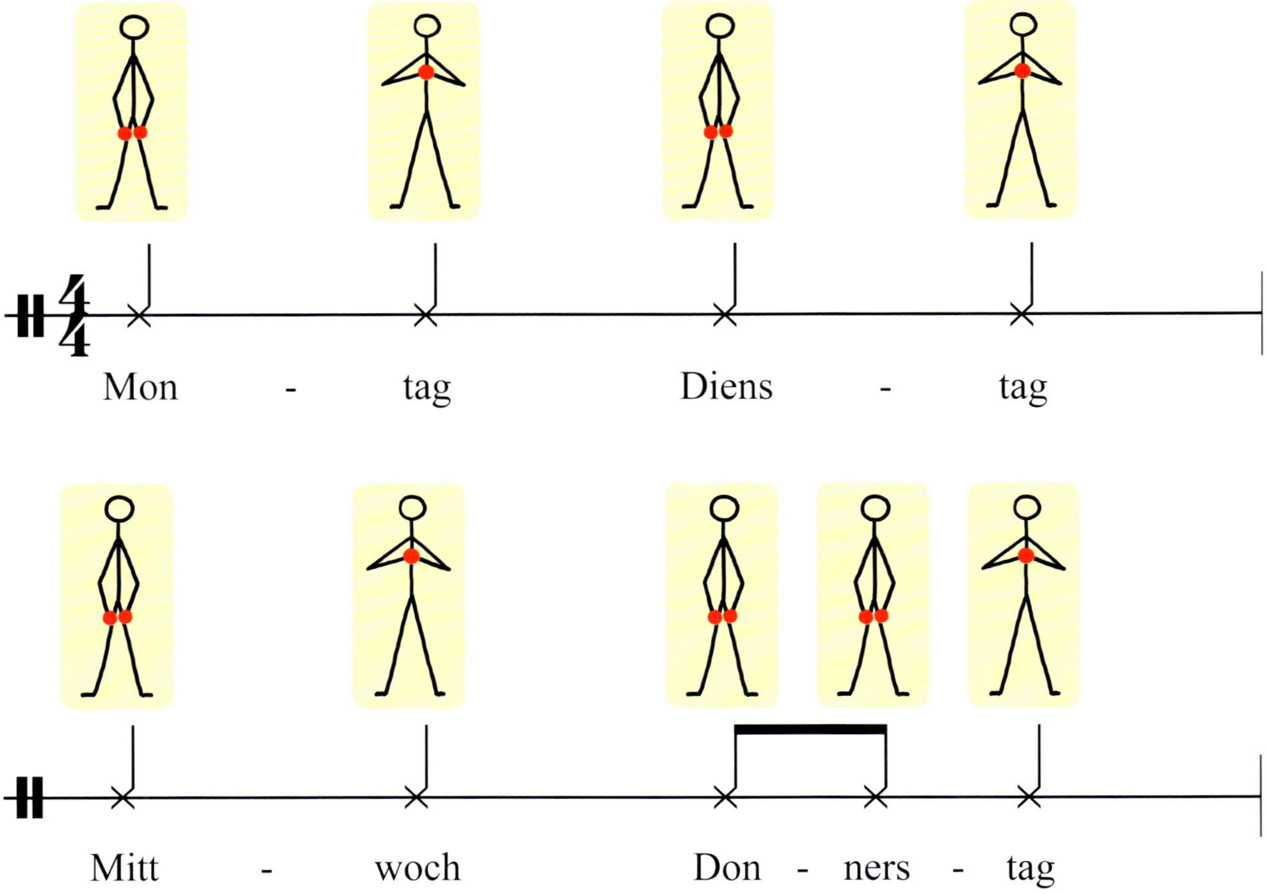
Mon - tag Diens - tag
Mitt - woch Don - ners - tag

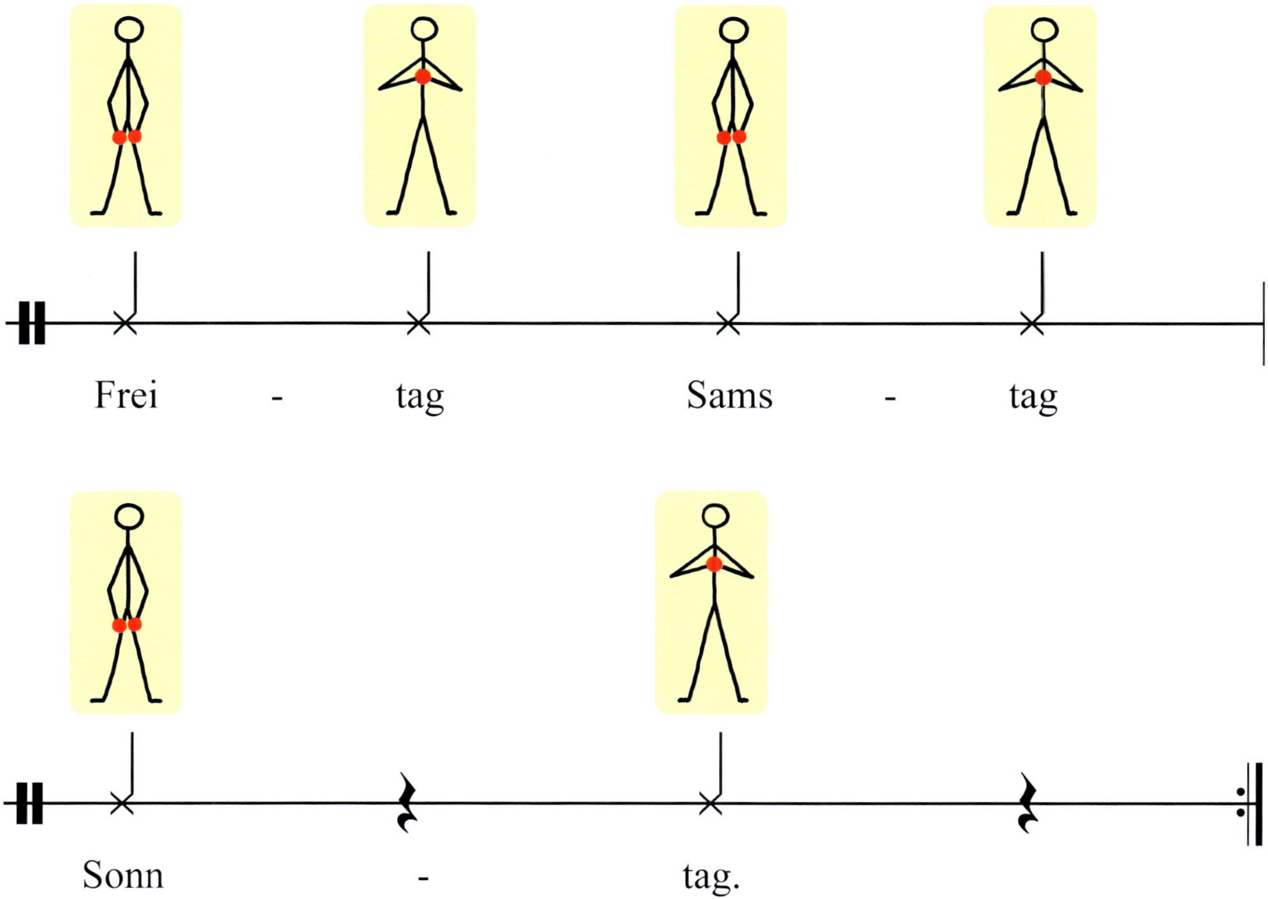
Frei - tag Sams - tag
Sonn - tag.

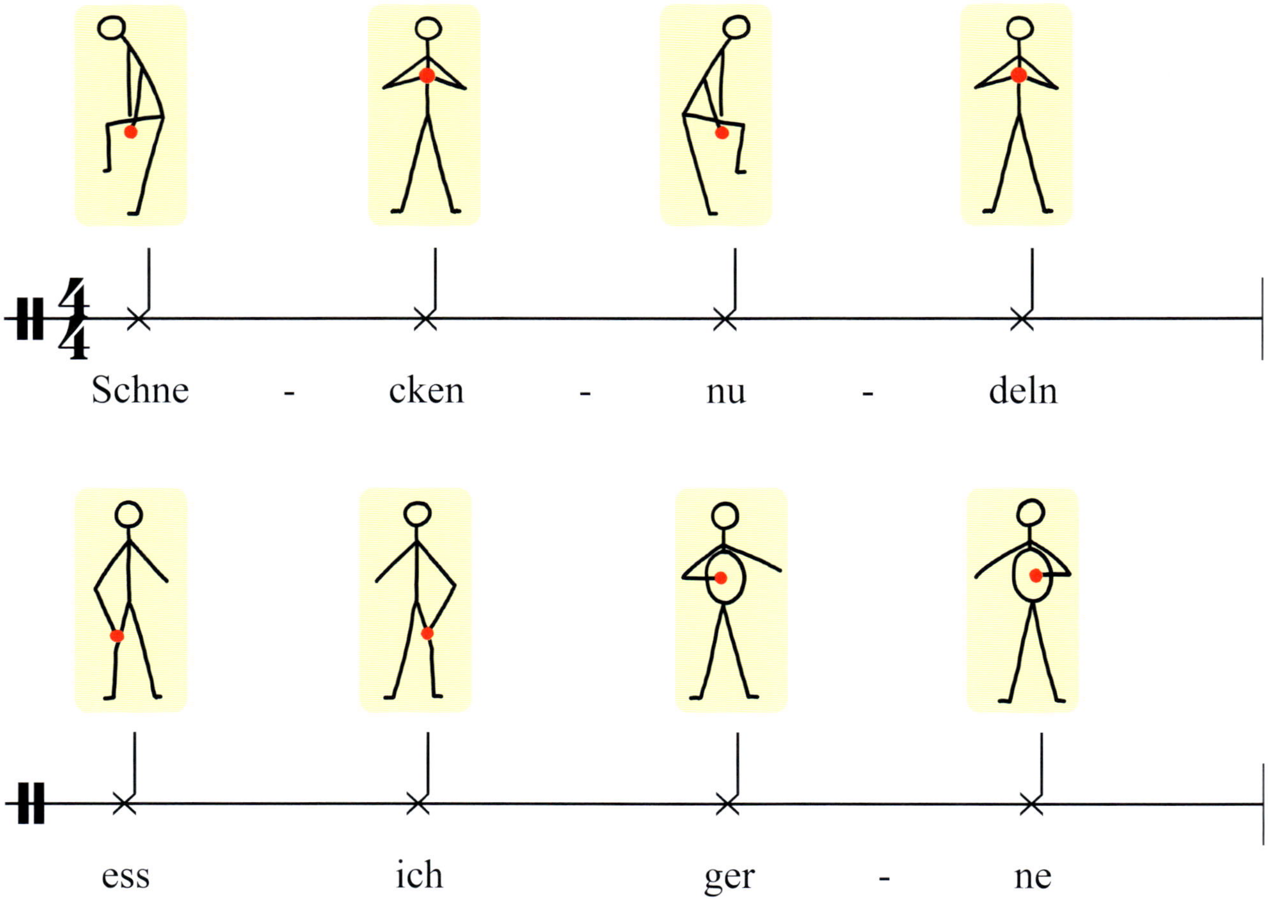
Schne - cken - nu - deln
ess ich ger - ne

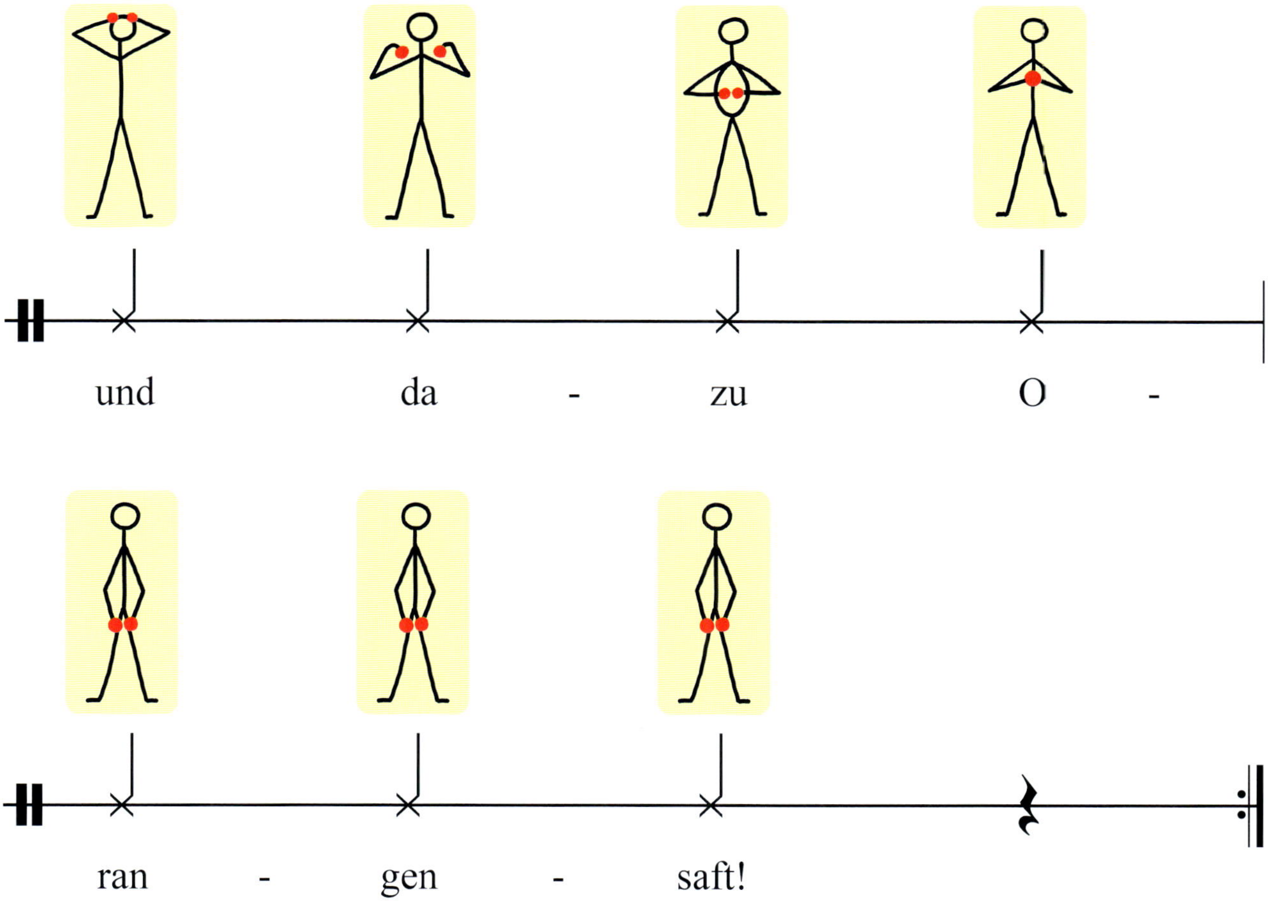
und da - zu O -
ran - gen - saft!

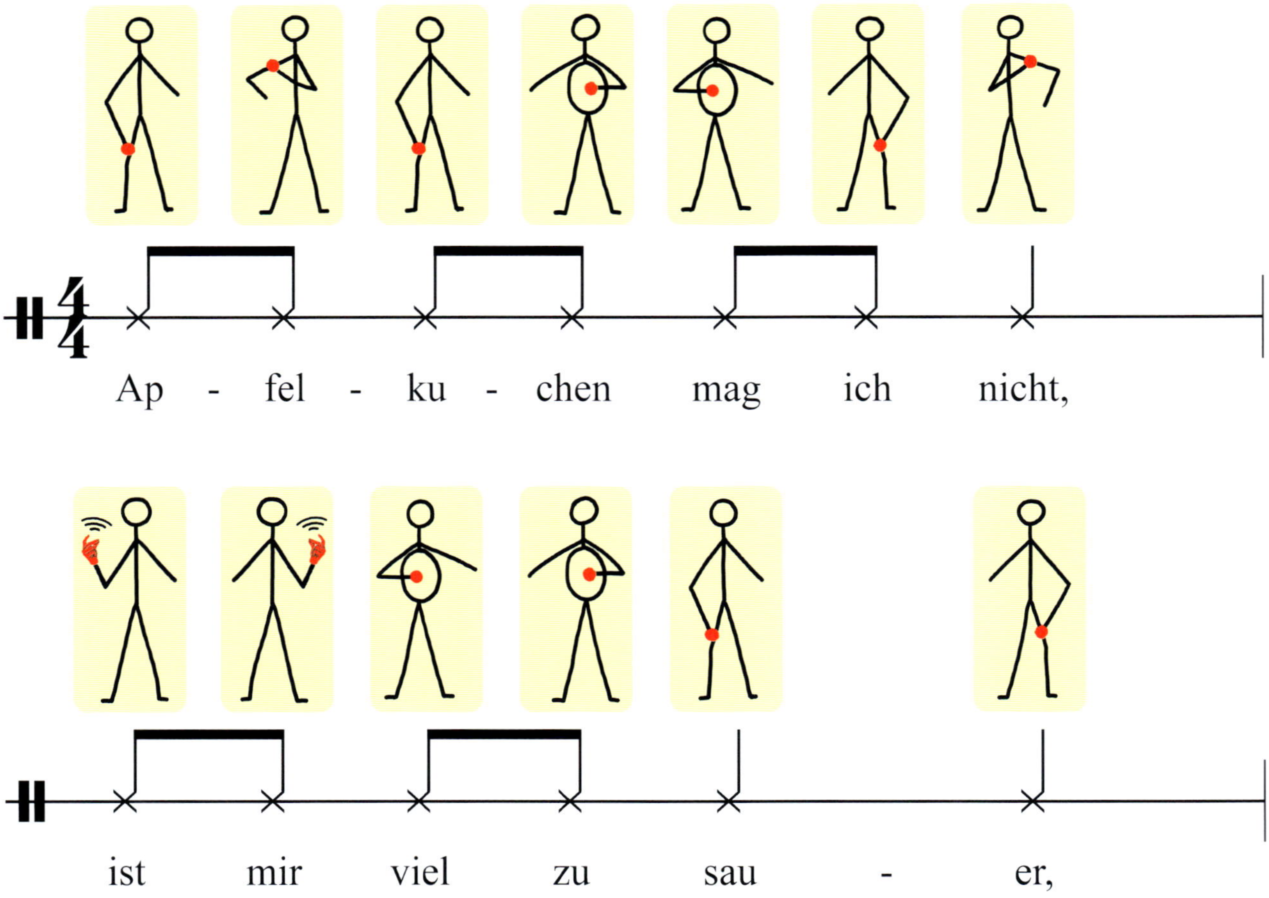
Ap - fel - ku - chen mag ich nicht,
ist mir viel zu sau - er,

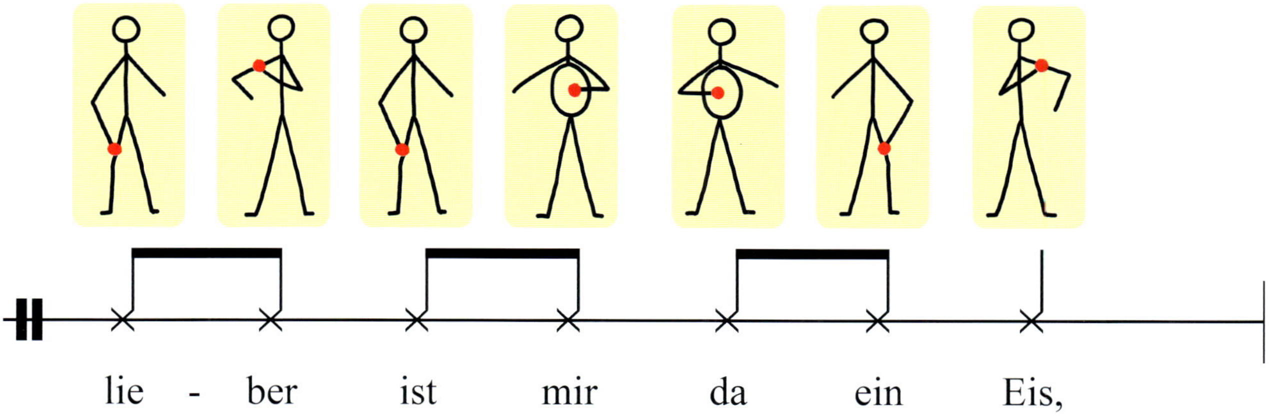
lie - ber ist mir da ein Eis,

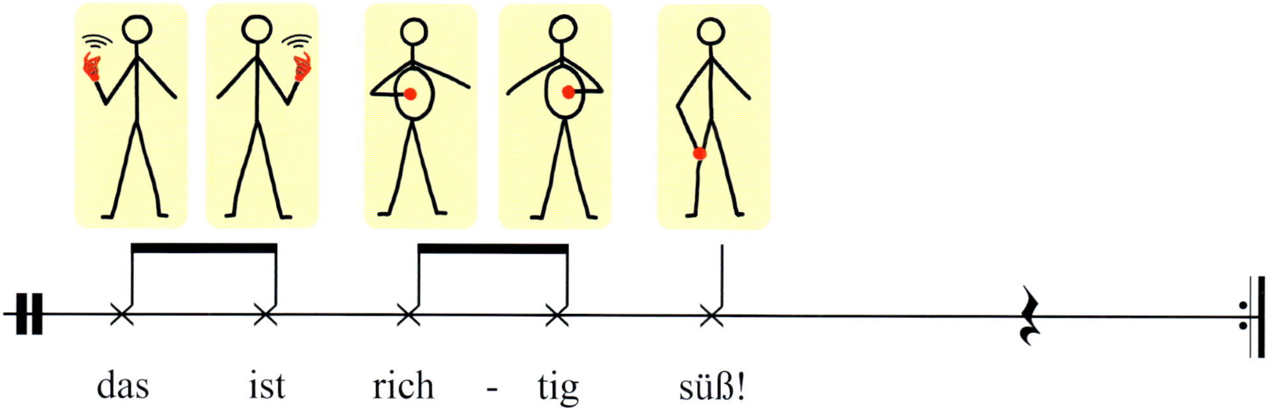
das ist rich - tig süß!

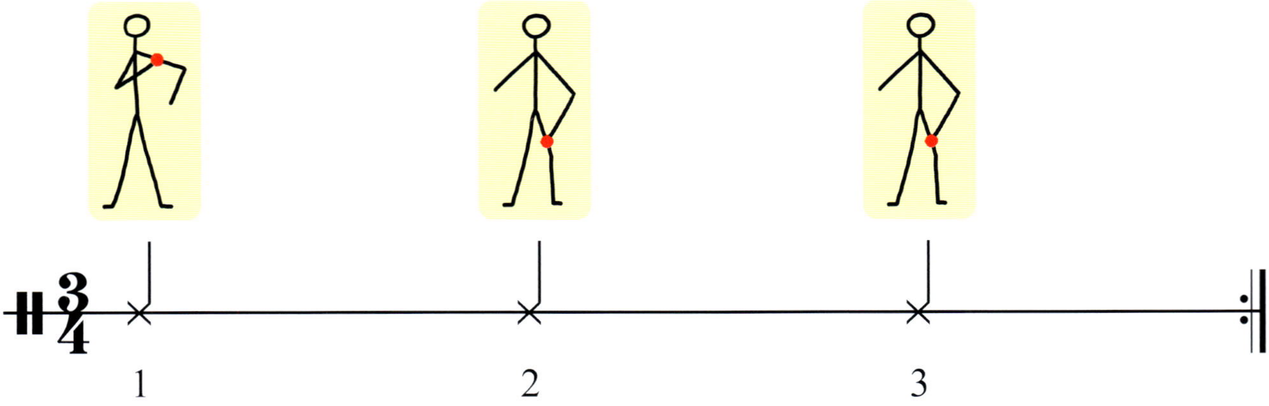
3/4
1
2
3

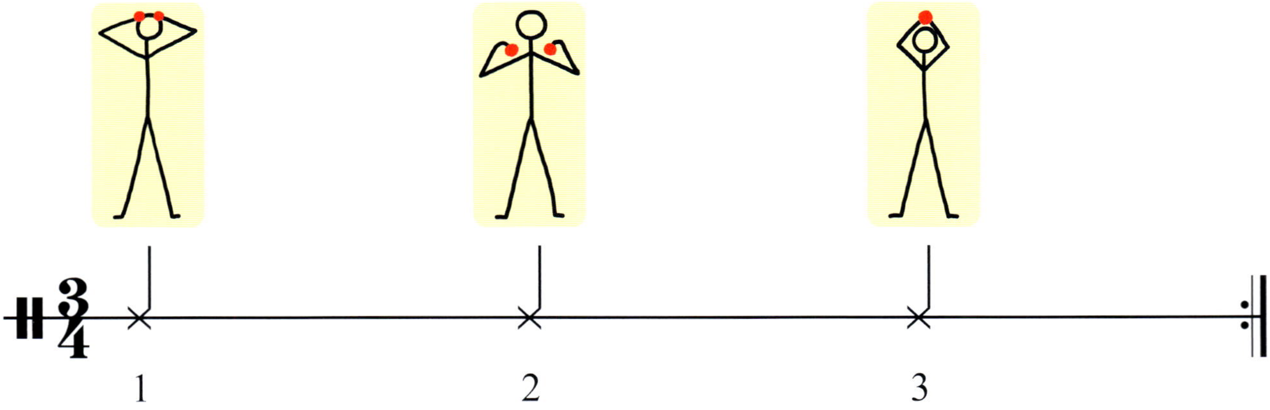
3/4
1
2
3

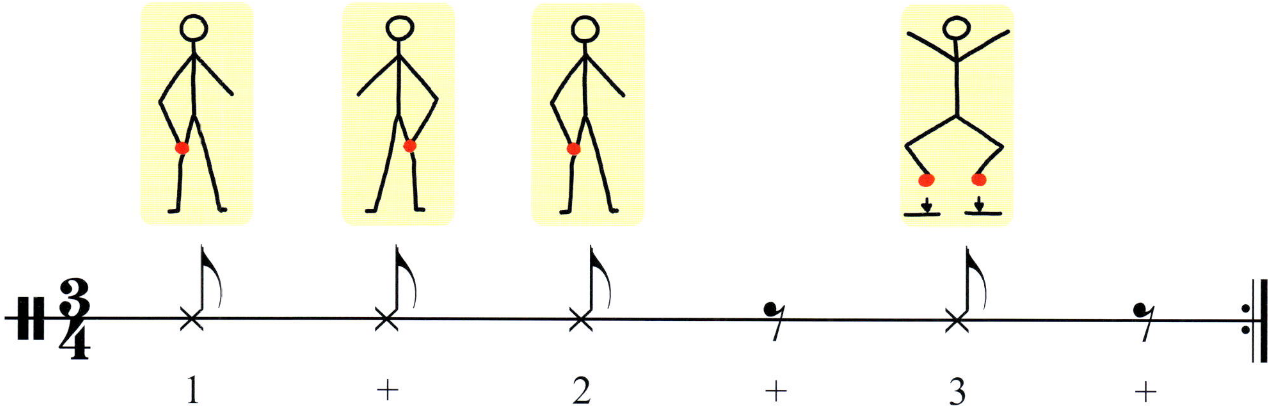
3
4
1 + 2 + 3 +

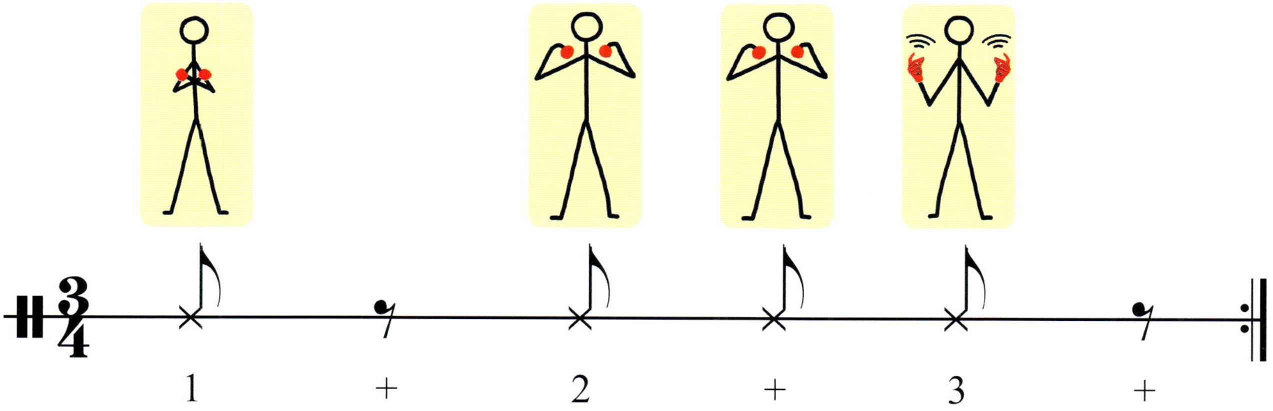
3
4
1 + 2 + 3 +

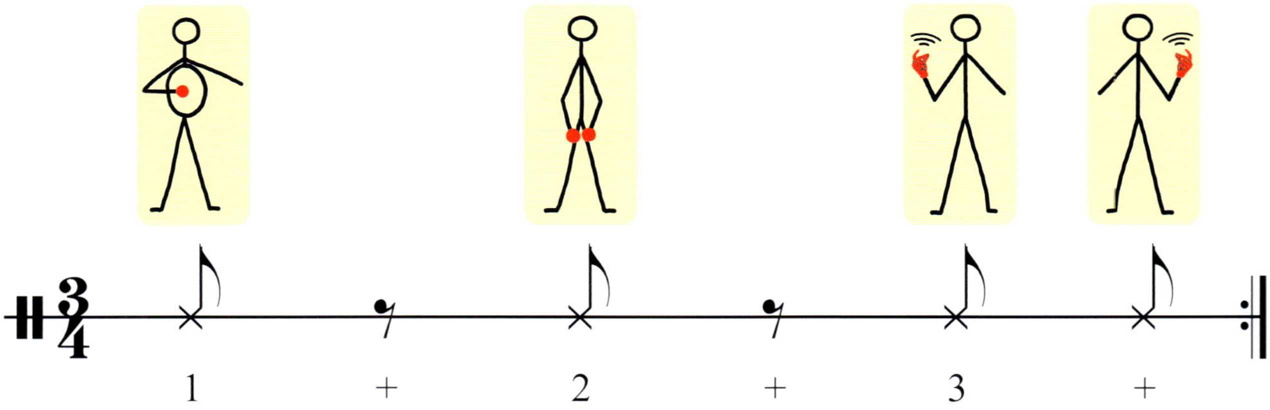
1 + 2 + 3 +

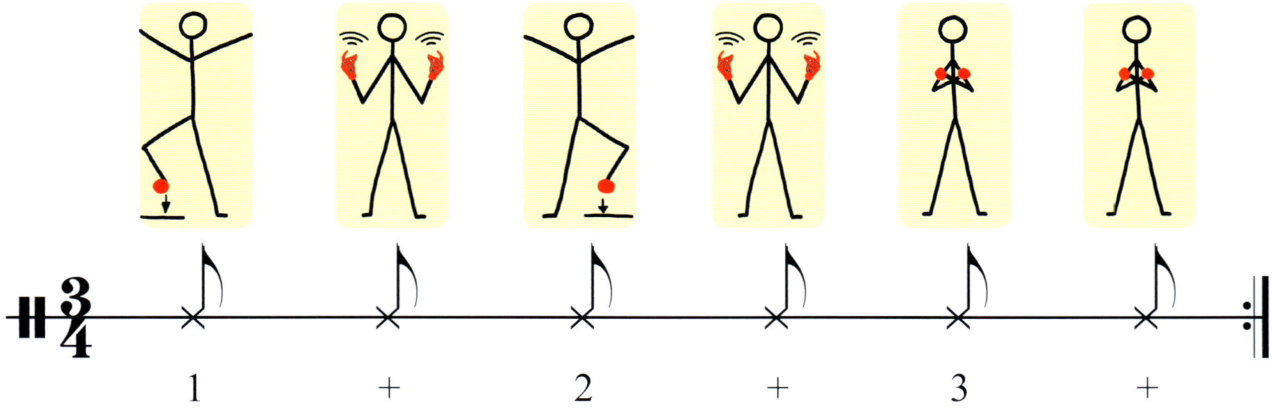
1 + 2 + 3 +

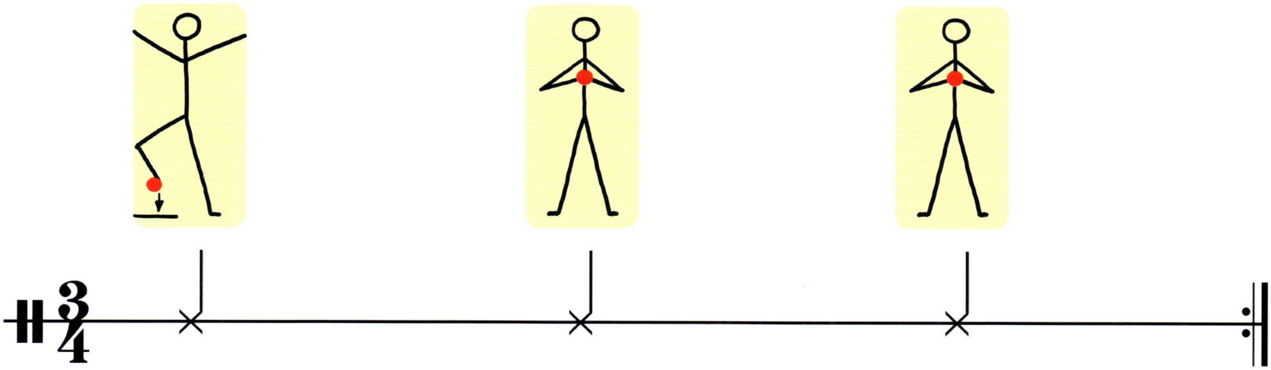

Ap - fel - saft

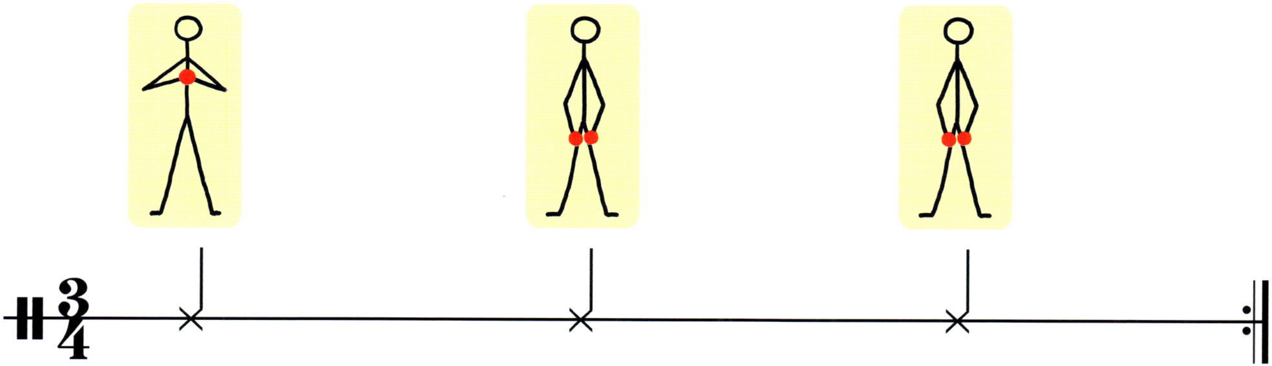

Trau - ben - saft

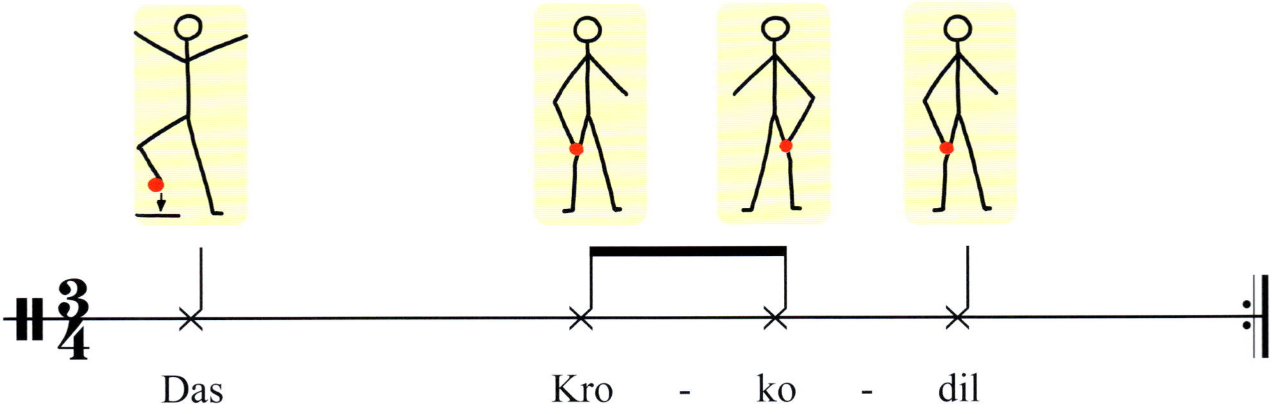
Das Kro - ko - dil

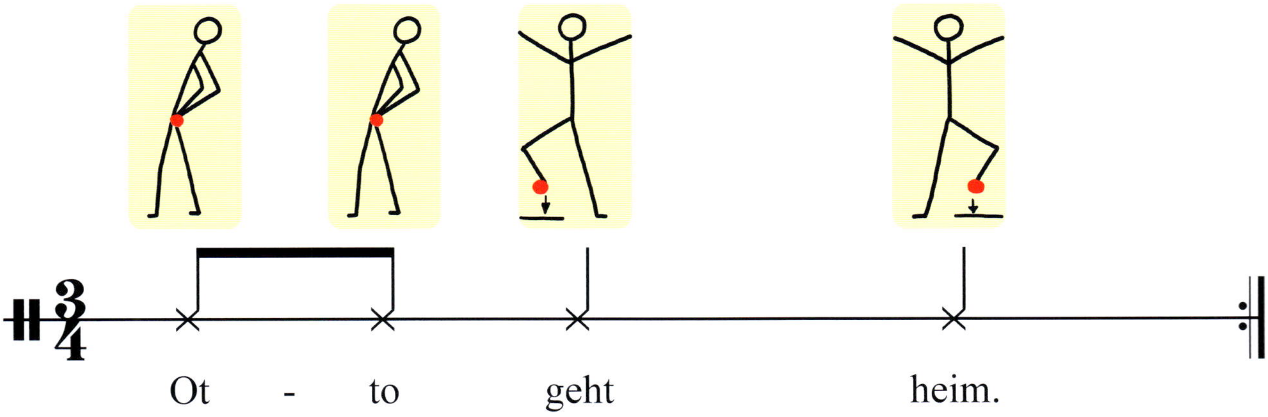
Ot - to geht heim.

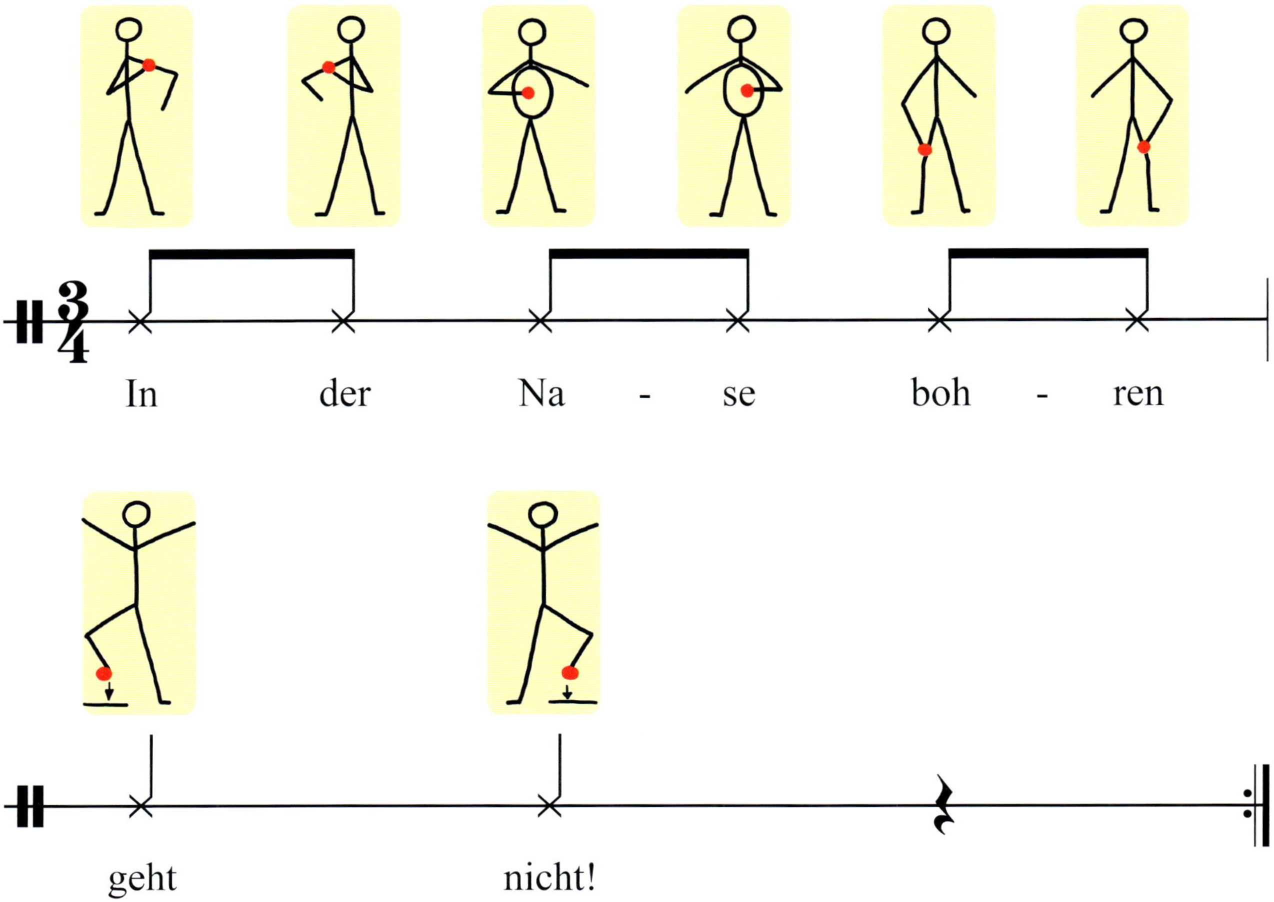
3/4
In der Na - se boh - ren
geht nicht!

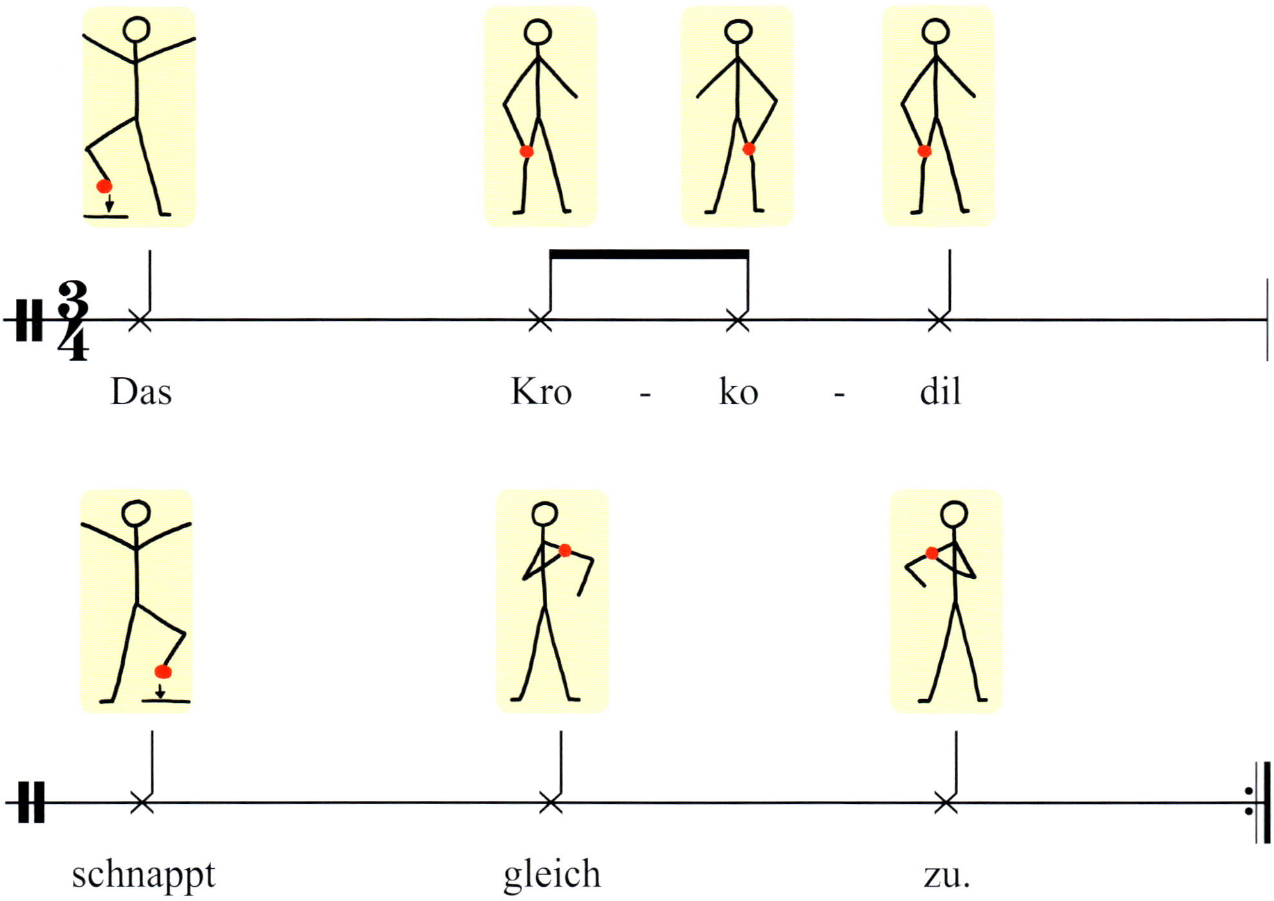
Das Kro - ko - dil
schnappt gleich zu.

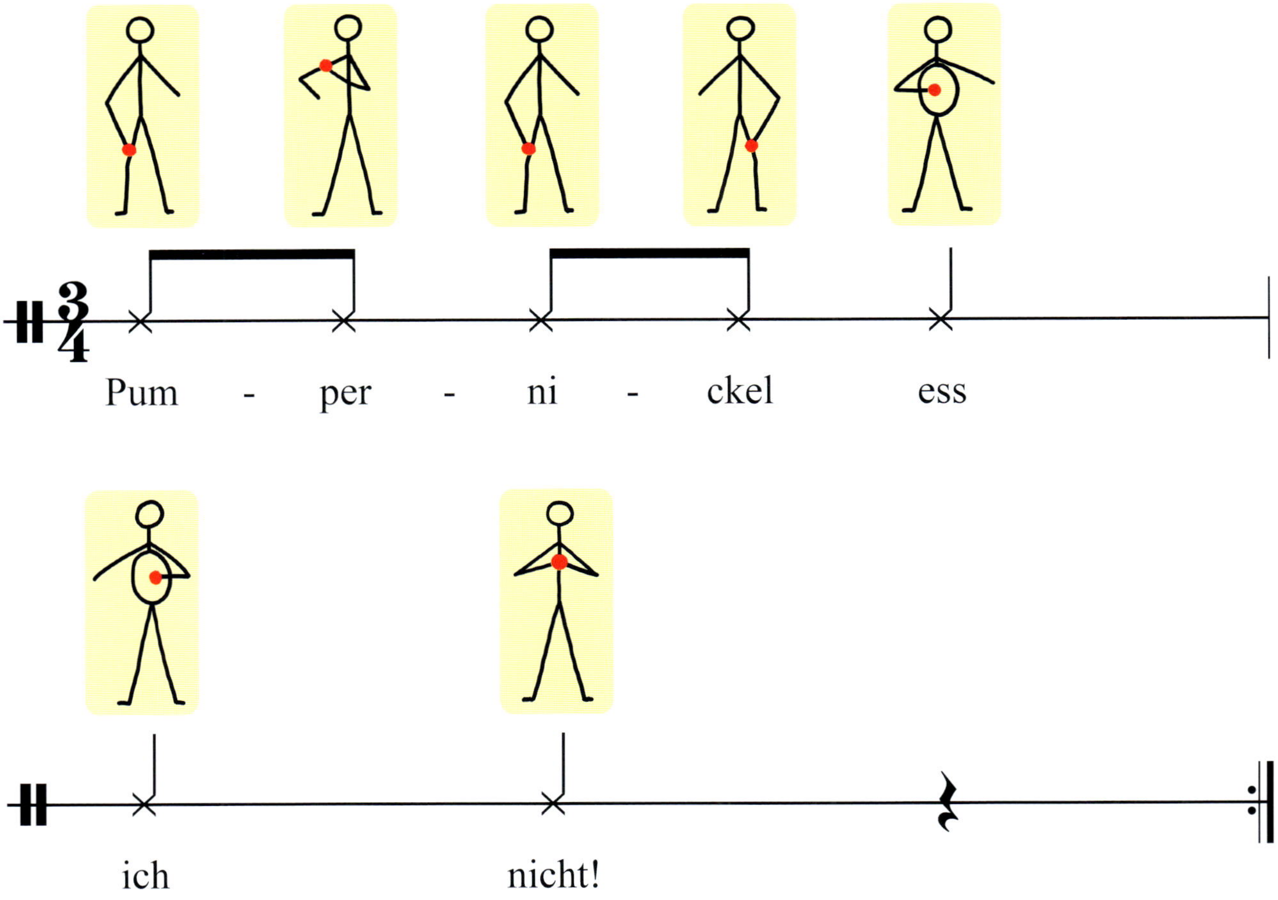
Pum - per - ni - ckel ess
ich nicht!

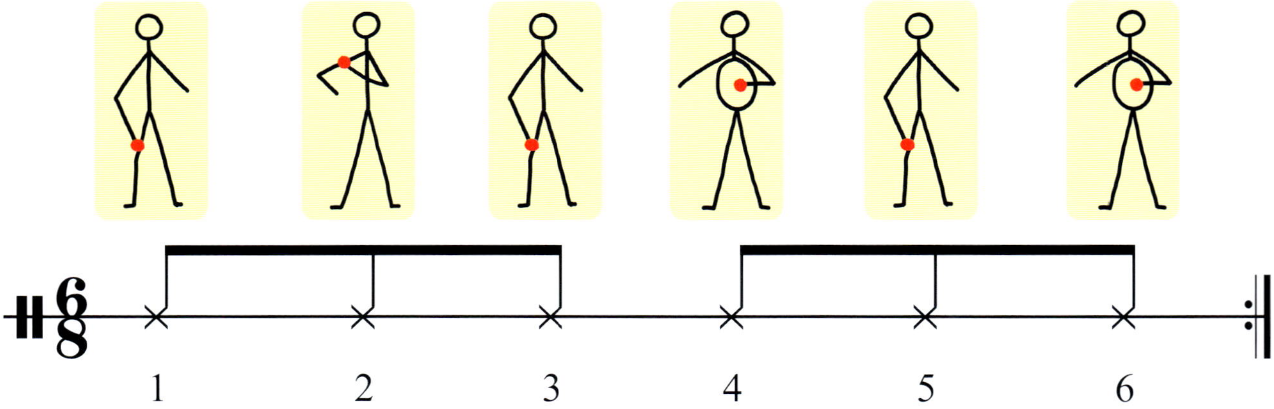
6
8
1
2
3
4
5
6

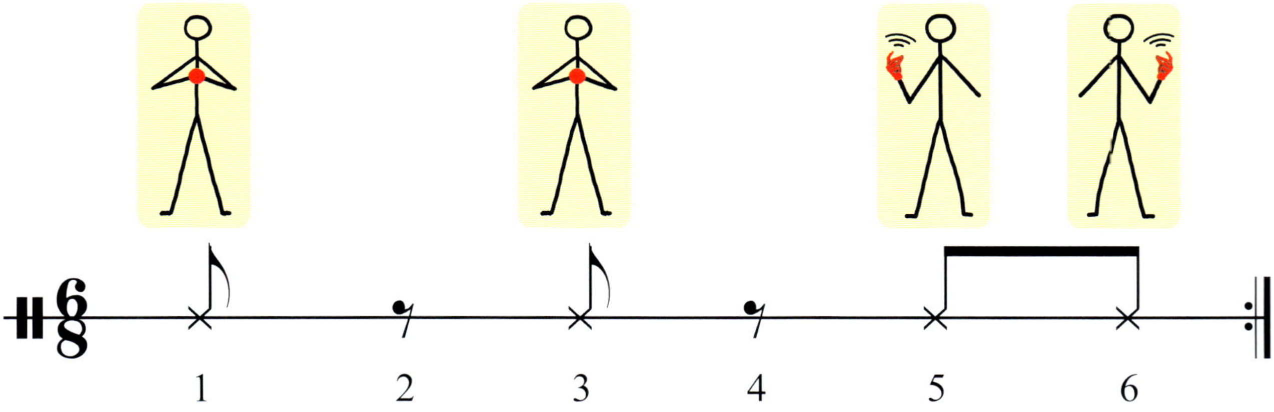
6
8
1
2
3
4
5
6

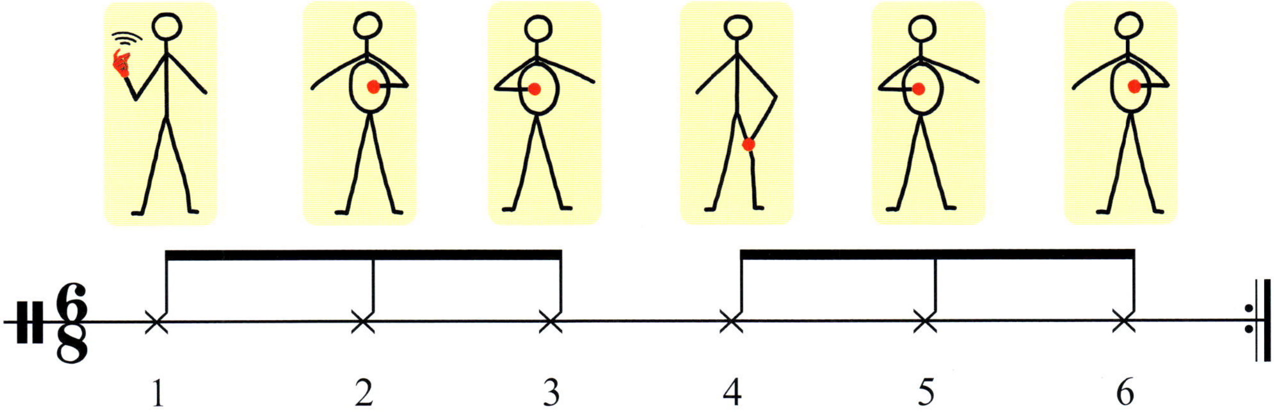
6/8
1 2 3 4 5 6

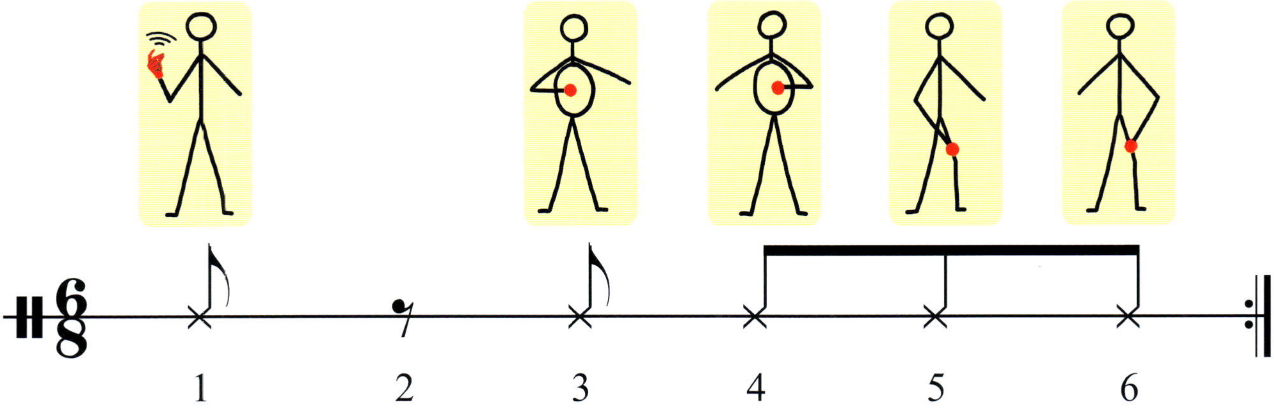
6/8
1 2 3 4 5 6

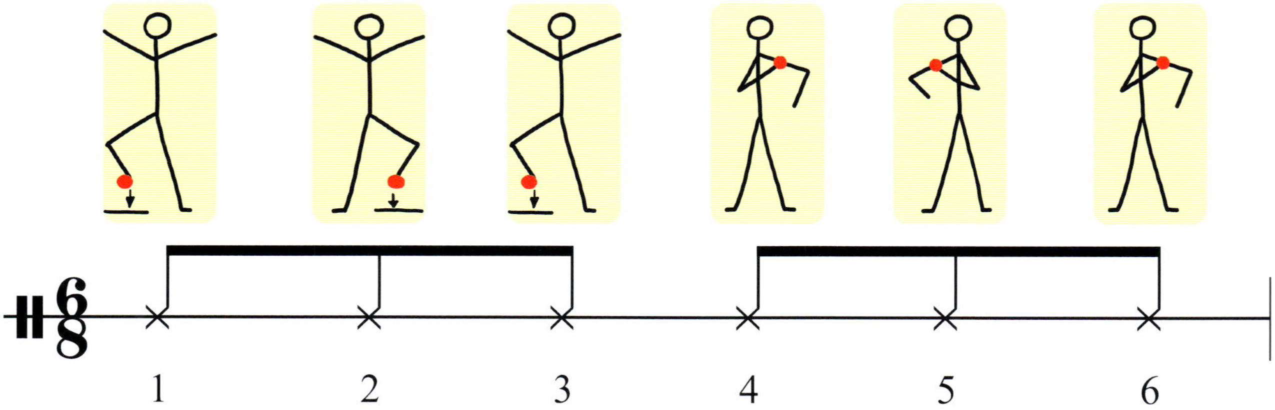
6/8
1 2 3 4 5 6

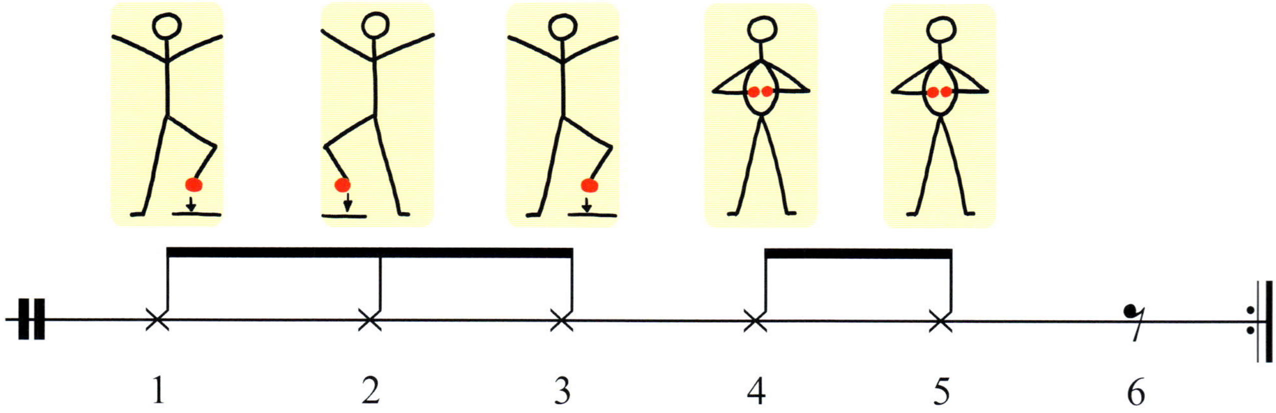
1 2 3 4 5 6

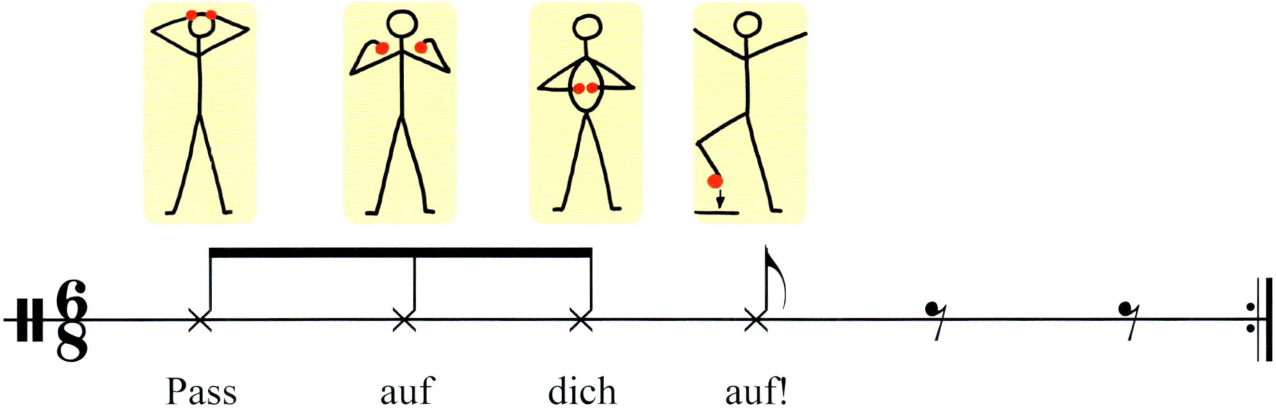
Pass auf dich auf!

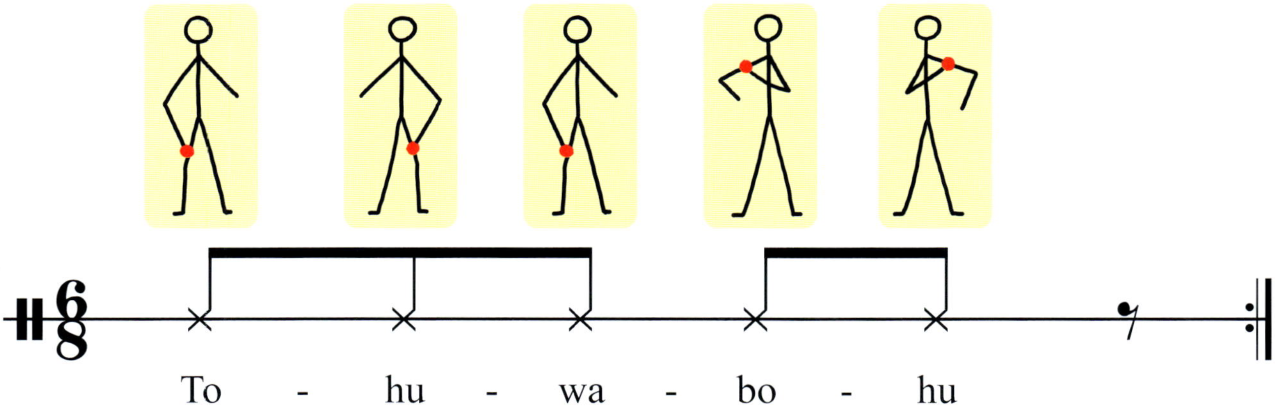
To - hu - wa - bo - hu

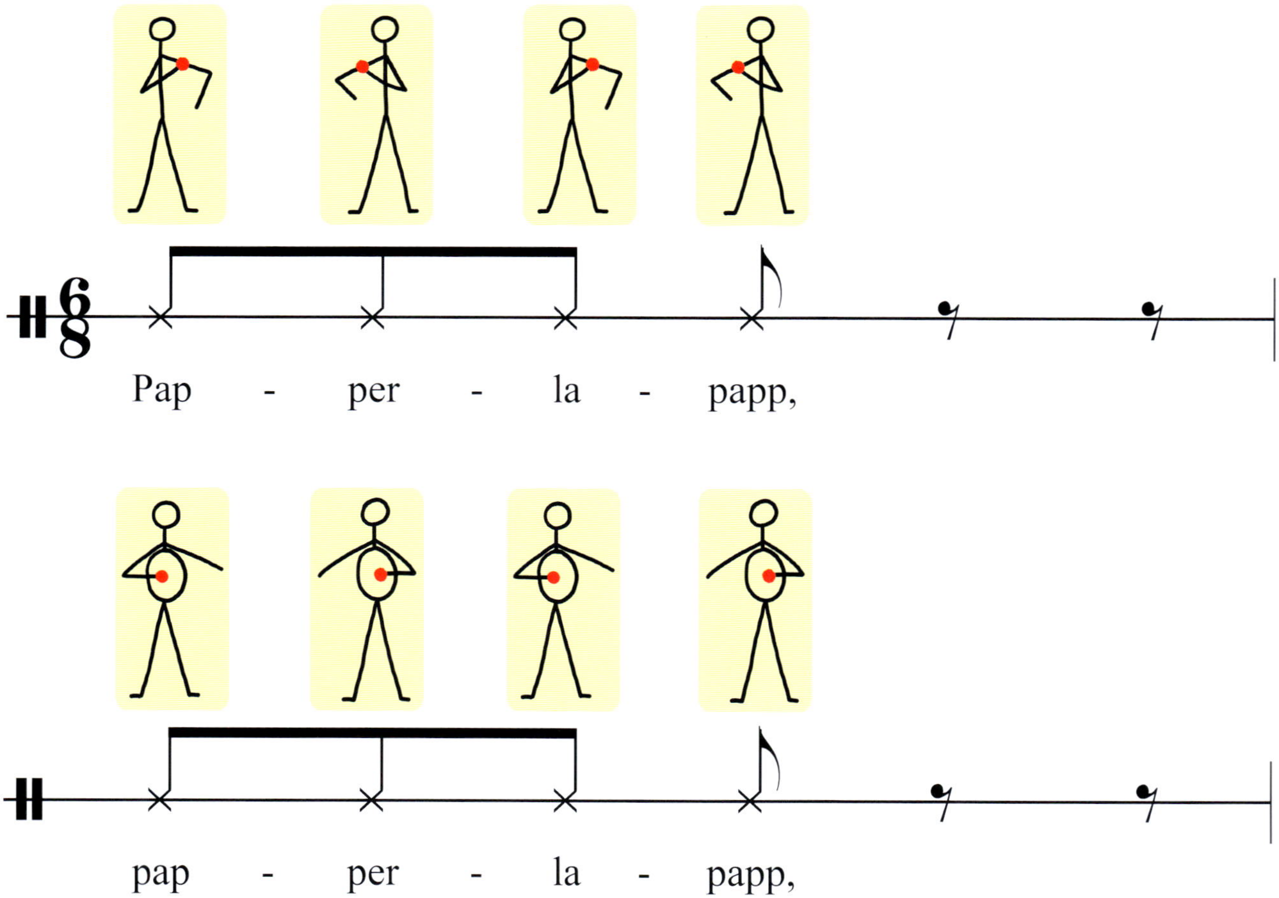
6
8
Pap - per - la - papp,
pap - per - la - papp,

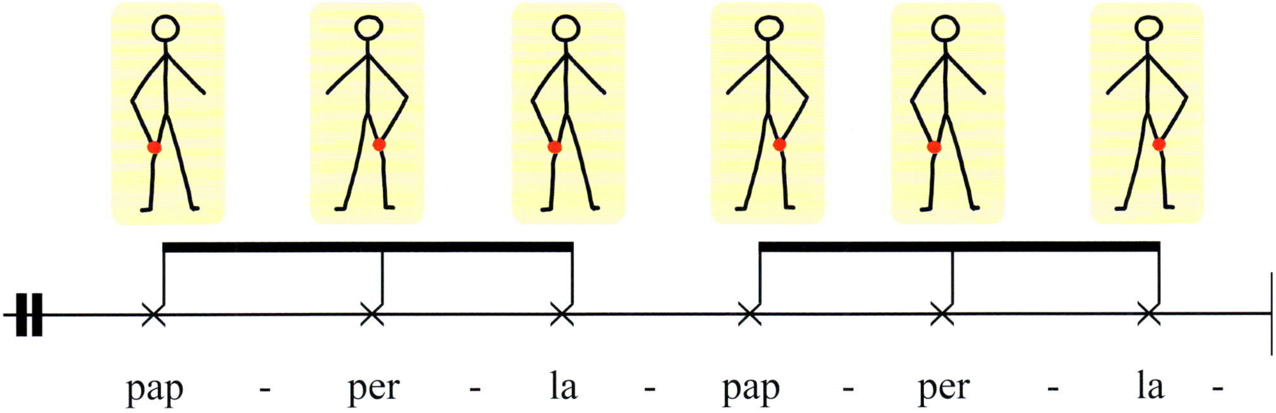
pap - per - la - pap - per - la -

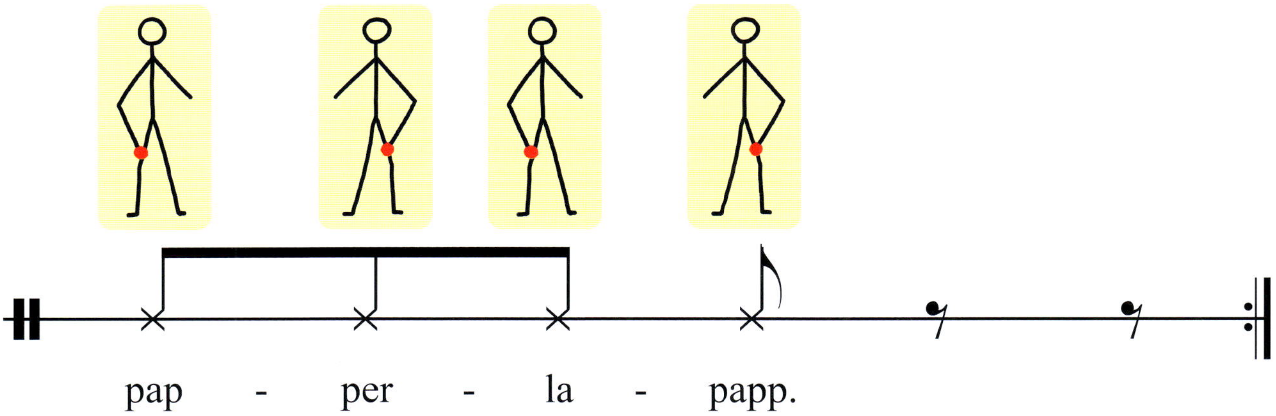
pap - per - la - papp.

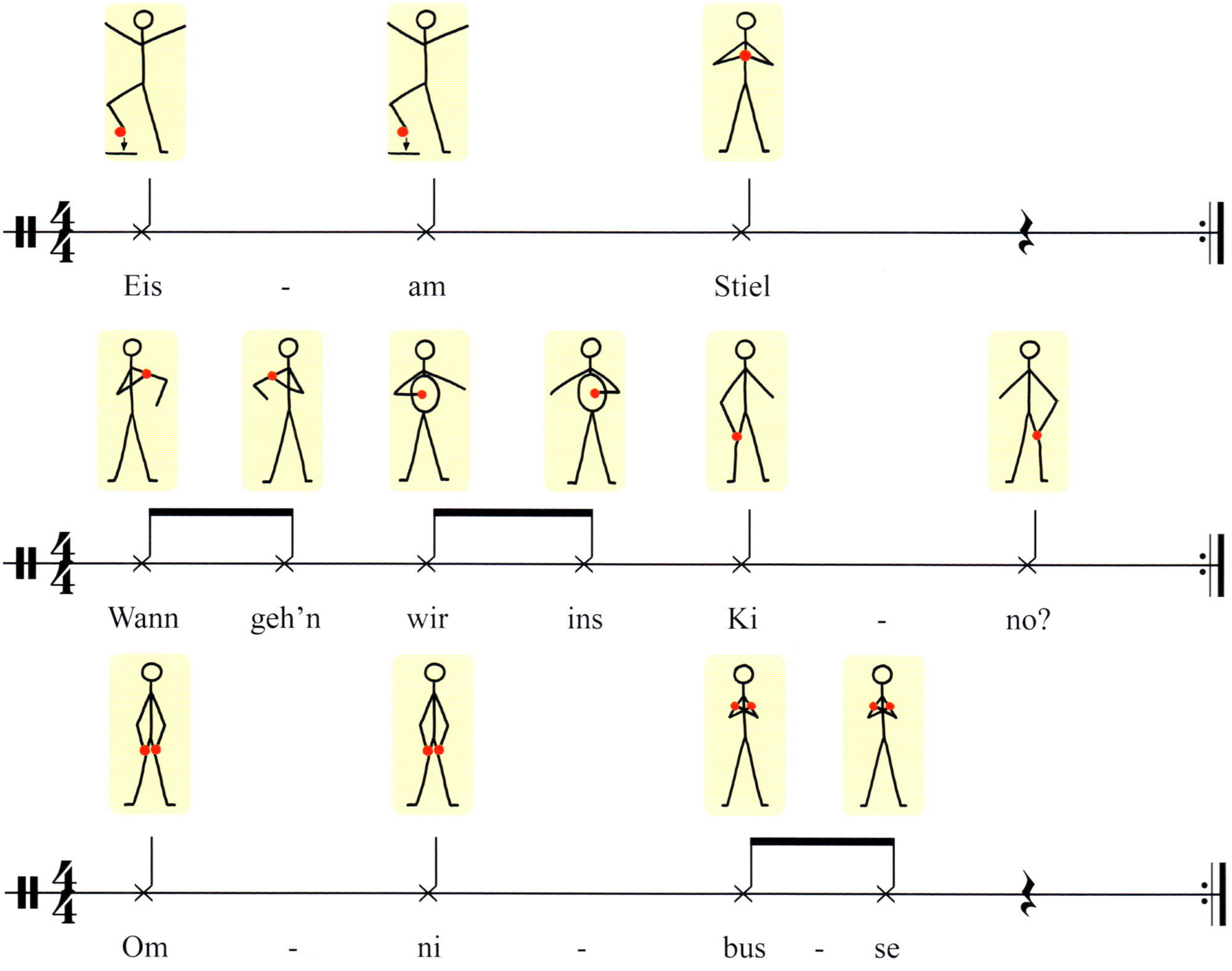
Eis - am Stiel
Wann geh'n wir ins Ki - no?
Om - ni - bus - se

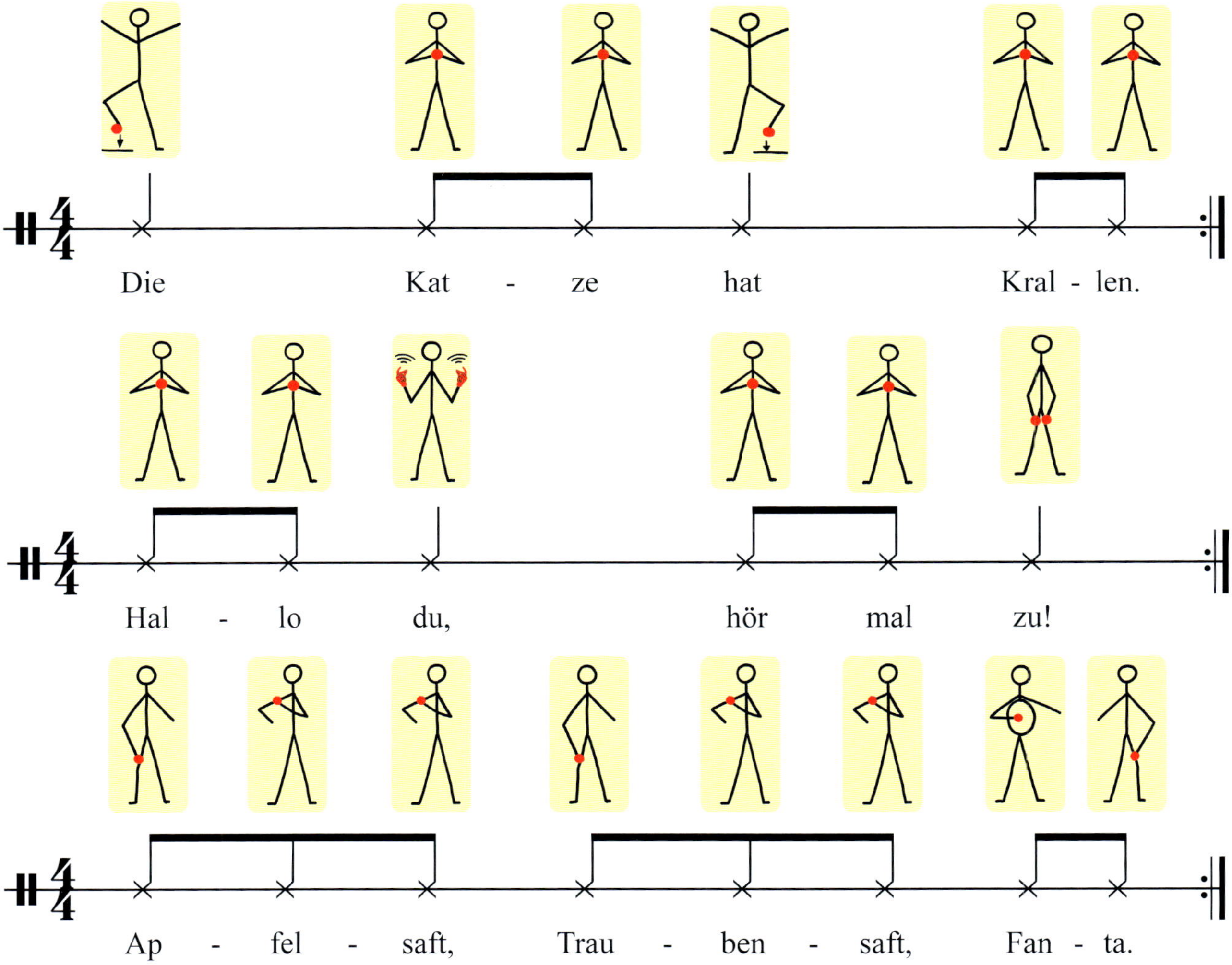
Die Kat - ze hat Kral - len.
Hal - lo du, hör mal zu!
Ap - fel - saft, Trau - ben - saft, Fan - ta.

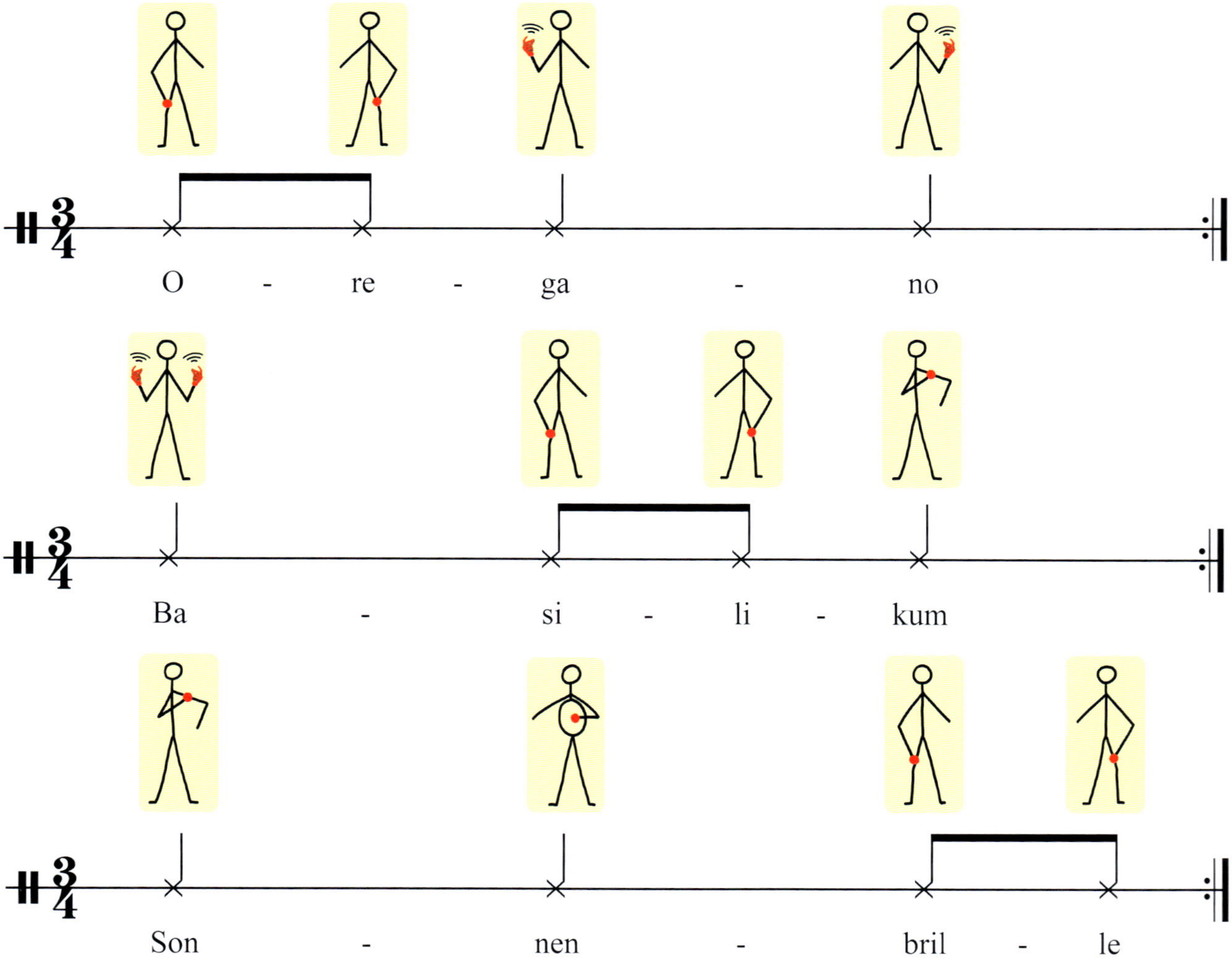
O - re - ga - no
Ba - si - li - kum
Son - nen - bril - le

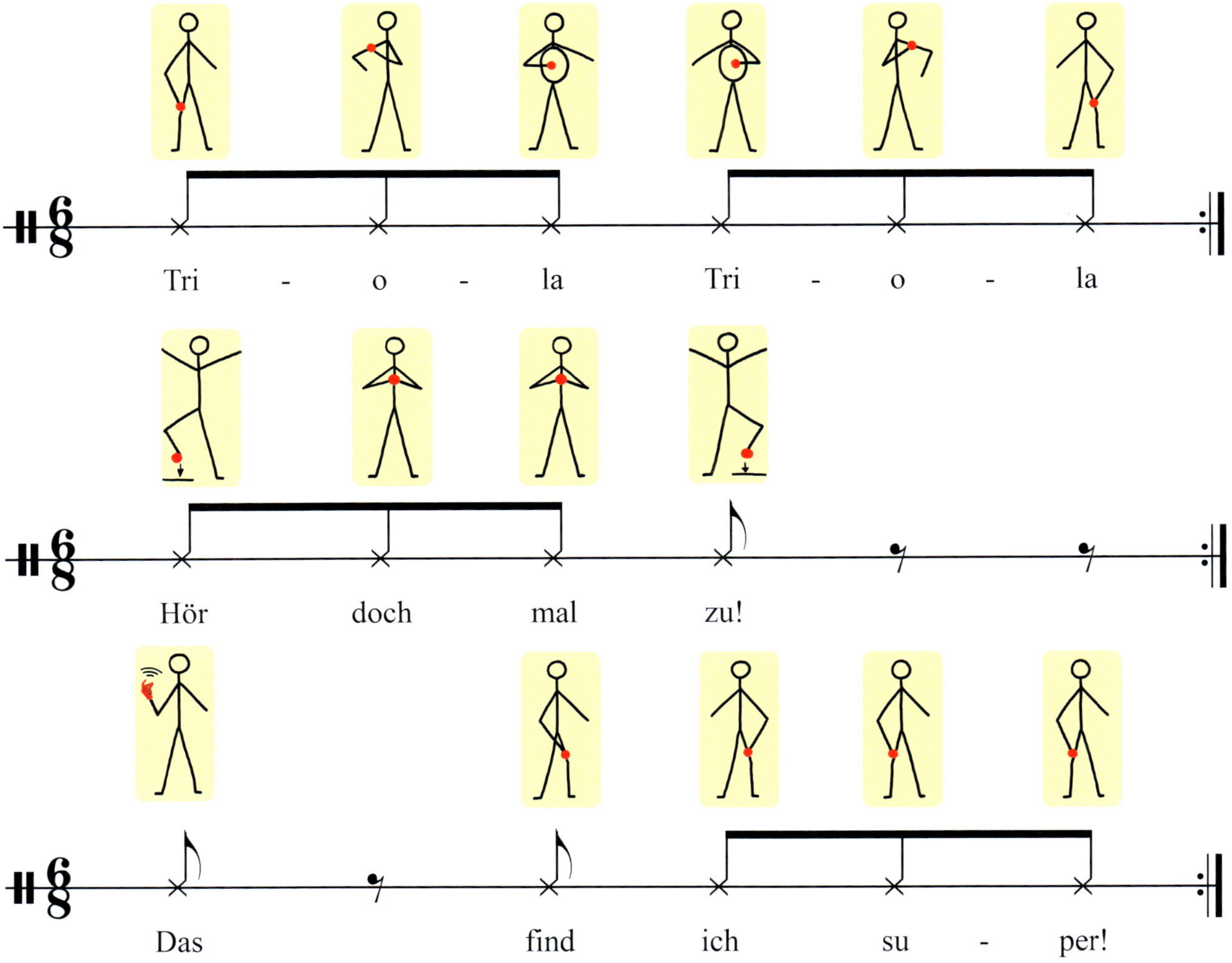
Tri - o - la Tri - o - la
Hör doch mal zu!
Das find ich su - per!

Inhalt